新たな人生の扉が開く！

自他を生かす、話し方の知恵

●はじめに

私たちは、だれもがふつうに話をしながら日常生活を送っていますので、事改めて「話し方」を問題にしてきませんでした。そればかりか、話が好きな人のことを「おしゃべり」と呼んで、読み書きのできる人に比べて軽んじてきたことがあります。

しかし、日常は読み書きよりも話す時間のほうが多く進行しています。私たちは話の中で生きているといっても間違いではありません。世の中でエライといわれる人の話を聞いて、この人の話はいいなあと思った経験はどれほどありますか。あるいは身近な会社の上司で、この人の話には誠実さや理解力に裏づけられたすばらしい表現力があるなあと思う人がどれくらいいるでしょう。はなはだ心許ない気がするにちがいありません。そうです、私たち日本人は、相当の教育を受けた人でも、きわめて貧弱な話しかできない人が多いのです。これは世界に恥ずべきことです。

この原因は、日本の教育にもあります。読み・書き・話す・聞くの四つを対等に教えることが義務づけられているのに、それらがうまく機能的に回っていないのが現状です。自分たちもそういう教育を受けてきませんでした。しかし、今さら過去を嘆いてもしようがありません。これから社会の中核を担っていく二十代から三十代半ばのみなさんには、自分の意志で、生きる自信につながる「話し方」を今からスタートさせてほしいのです。そう思って書いたのがこの本です。

話し方に関する本は、実に多く出回っておりますが、そのいずれもが、自分のことをどう話すかに焦点を当てて書いた、いわばノウハウ志向型のものばかりです。話は聞く人がいて初めて成り立つものですから、聞き手のことを十分すぎるほどに考えて話すことが何より大事になります。聞くことができる人こそが、「自分の言葉」をもてるのです。

これは一見遠回りのように思われますが、これこそが近道であり、話し方の王道です。自分に固執しすぎてはいけません。「自分探し」などという言葉もはやっておりますが、人と誠実に関わらない「自分探し」などは、幻を求めての旅のようなもので、実体もなければ、その行き先すら定かでないのです。自分可愛がりの殻を破るのが第一。それには、自分よりも人に興味をもって話すことです。そのほうがずっと「話し方」に実りがあります。

私たちの「話し方HR研究所」は三十五年の歴史をもっております。その中で話し方の工夫一つで生きることが楽になった、人の偉大さが分かるようになった、そして何より日々が充実してきたという人を多く見てきました。そういう経験をこの本にこめました。話し方で「今・ここ」で生きるのが楽しいと思われることを願っています。


（五嶋靖弘）

目次

応用編Ⅰ
受け入れられる話し方

応用編Ⅱ

人と組織を動かす話し方

基礎編

新たな人生の扉を開く話し方

第1章

あいさつの力
～いつでも、どこでも自分から

あいさつ上手はコミュニケーション上手といいます。あいさつは相手の存在を認めるメッセージであり、たったひと言のあいさつが好印象を与え、心理的距離を縮めてくれます。**人にあいさつをされる前にまず自分からあいさつをする。**「今日もよろしくお願いします」と周りの人に対して気遣いをすれば、お互いが気持ちよくなります。生活の知恵です。

ところが、最近は職場の上司や同僚の間でもあいさつをしない人が増えているといわれています。そのため話せる仲間がいない、協力をしてくれる人がいないなど組織の中での孤立化も見られます。社会人はあいさつができなければ、一人前として認めてはもらえません。あいさつをするとほんの数秒でコミュニケーションが図れます。

「挨拶」はもともと禅の言葉です。「修行僧が互いの修業の成果を質問し合い、悟りの中での知識の深さを確認するために問答をし合う」ことで、「挨」は押す、「拶」は迫るを意味し、互いに心を開いて相手に接するということです。このように挨拶の語源を考えてもあいさつを習慣や儀式と考えるのでなく、深いところで人の心と心が呼応する力があると考えるのです。会議やセミナーなどで初めて顔を合わせた者同士でも、ひと言のあいさつがきっかけで場が和らぎ、仲間意識が芽生えることもあります。

あいさつというと、朝夕のあいさつや改まった席でのあいさつを思い浮かべる人がいるかもしれませんが、駅や電車の中、買い物の最中、人とぶつかりそうになっての「ごめんなさい」のひと言も謝罪のあいさつです。また、人に手助けをしていただいたら「ありがとうございます」と感謝の声をかけるのも立派なあいさつです。

必要以上に人と人が近づきすぎると、心理的摩擦が起こることもあります。例えば、電車で二人がけの座席で、先に座っている人にとっては、後からくる人に自分のテリトリーを侵されたような気分になります。こんな時は、ひと言「失礼します」と声をかけるだけで、人は自分の存在を認めてもらえたと感じ、その場の空気が穏やかになります。このような場合の**あいさつは、その心理的摩擦を抑える「潤滑油」の役目をしてくれます。**

あいさつは、人間関係にとって次のような重要な働きがあります。

① **相手の存在を認めることを伝え**
② **相互の心理的距離を縮め**
③ **相手から好印象を得られる**　という働きです。

❖笑顔のあいさつは好意を伝える

あいさつは人間関係のパスポートといいます。ひと言のあいさつが「私は、あなたがそこにいることに気づいています」「あなたと関わりたいと思っています」というメッセージを伝えます。「笑顔」も「あいさつ」も共に相手に好意を示す大きな力があります。したがって、笑顔であいさつをするとその意味は強化されます。人間関係がつくれない、つくるのが苦手という人を観察してみると、残念ながら自らあいさつをしない人や笑顔が少ない人が多いように感じます。勇気を振り絞って「こんにちは！」と声を出してみてください。相手との間の心理的な距離は一気に縮まります。

電車やバスなどから降りる際にも「降ります！」「すみません、通してください！」「恐れいります！」と、声がかかると周りの人の心に協力をしようという気持ちが起きて、降りやすいように体を少しずつ寄せてくれます。それを自分の権利とばかりに強引に降りようとして、トラブルになっているのを度々見かけます。協力をしてくださった方に、さり気なく「ありがとうございます。恐れいります」と感謝を伝えましょう。その場の空気がほっと和みます。これがあいさつの力です。

和《わ》顔《げん》愛《あい》語《ご》という言葉があります。いつも和らいだ笑顔で人に接し、優しくいたわりのある言葉をかけることです。つくり笑いや媚びたり、へつらったりの笑顔ではありません。優しく穏やかな笑顔と思いやりのある話し方は、周囲を和ませ、とげとげしくなりがちな関係をスムーズにしてくれます。どのような世界で生きようと人は一人では生きていけません。家族や学校の中で、ましてや職場では、人とのつながりがなければ仕事にはなりません。同僚とのヨコの関係、そして上司との関係はいうまでもなく厳然たるタテの関係です。そこに取引先や関係先などが加わります。これらの人たちとよい関係をつくり、協力が得られると、仕事の流れも円滑になりストレスを減らすことにもつながります。その人間関係をつくるためにも、つねに和顔愛語で取り組んでほしいものです。私どもの話し方ＨＲ研究所の教室には、職場の上司から「話し方を勉強してこい！」と言われ、勉強に来ましたという方がいらっしゃいます。受講者をお迎えする時、私どもは笑顔で「こんばんは！」と声をかけます。ところが、あいさつが返ってこないということもしばしばです。それが五回、十回と継続をしているうちに、笑顔と元気な声であいさつをしてくれるようになります。その頃になると上司に「報告なども分かりやすくなった」と、おほめの言葉をいただいたという報告を笑顔でしてくれます。「笑顔であいさつができる」、たったこれだけのことが、自分を変えるきっかけになったのです。

❖社会生活には本音も建前も必要

あいさつは接着剤のように、初めて会った人と人とをいとも簡単に結びつけてくれます。さて、ここまで読み進めてくださったみなさんの中に、まだあいさつなどしても意味がない、イヤな人にまであいさつをする必要などない、と思っている方はいないでしょうか。そのような人はその考えをすぐ改めていただきたいと思います。なぜなら、**あいさつはあなたの身を守ってくれる鎧**だからです。

人はだれでも「本音」と「建前」を使い分けて生活をしています。どちらがよくて、どちらが悪いということではありません。ただ、いつも本音では生きられないというのが現実です。社会は好むと好まざるとにかかわらず「建前」での生活を要求されます。あいさつをすることも、社会人としては至極当たり前のことで「したい、したくない」などのレベルの話ではありません。言葉（特に敬語）も同じように、相手の立場、年齢、場などを考慮して使うことが求められます。

人はだれでも自分の生き方、望みをもっています。この望みをかなえるためには、この建前の部分を肯定することも必要です。否定してぎくしゃくするよりも肯定することで、人間関係ができ協力が得られ、結果として自分の望むことが達成しやすくなります。あいさつなどと侮ってはいけません。**「たかがあいさつ、されどあいさつ」**です。あいさつや声かけには、その人の人間性や生き方など人生が反映されます。だれに対しても、分け隔てのないあいさつや声かけができるようになりたいものです。

以前、ある女性から伺った話で感動したことがあります。その女性（四十代）が電車の中で立ったまま居眠りをしていたとのことです。介護と仕事の疲れが頂点に達していたのでしょう。時々、つり革から手が離れ、そのたびに膝がガクンと崩れ落ちるのです。その時です。目の前に座っていた七十代と思しき白髪の男性が立ち上がり、その女性に「お座りなさい。あなたは、私より疲れている。疲れている人が座りなさい」と席を薦めてくれたそうです。女性は、恥ずかしさから一度は断りましたが、せっかく声をかけてくださった男性の気持ちを考え、感謝の気持ちを伝えありがたく席を譲ってもらい、心の中で手を合わせたと話してくれました。ほんとうの意味でのあいさつ（声をかける）とは、この男性のように、「今・ここ」で自分にできることは何か、何をすることがいちばんよいかを考え行動することです。女性は「私はこの男性に、生き方の見本を見せていただきました。私もこの男性のように、本音の生き方が示せるようになれれば…」と話してくれました。この男性の本音の言動は人の心に大きなものを残しました。

❖「あいさつ＋名前を覚える」で印象アップ

ビジネスの場での名刺交換は、「組織の一員として私は、あなたとお近づきになりたいのです」という意味合いで、組織名や所属などを明らかにします。また、個人の場合は「個としての私を覚えてもらいたい」という気持ちで、共に自分の大事な名前を明かしているのです。儀礼や儀式などではありません。**あいさつや名刺交換の目的は人間関係をつくること**です。ですから相手の名前をしっかりと覚えることが重要です。相手の**名前を覚えることは相手に敬意を表すること**であり、**自ら人間関係をつくろうという積極的な姿勢の表われ**です。人はだれでも自分の名前を覚えてもらうとうれしいものです。次にお目にかかった時は、相手と視線を合わせ、話の中に名前を入れてあいさつをするとあなたの印象は確実にアップします。そして、次のステップの会話へと進みます。

あいさつ言葉は、相手や状況に合わせてスムーズに出るようにしておきたいものです。

・〇〇と申します。どうぞよろしくお願いいたします
・お目にかかれて光栄です
・今日も（本日も）よろしくお願いいたします
・いつも大変お世話になっております

・先日は色々とご面倒をおかけいたしました
・お待ちしておりました
・ご足労いただきありがとうございます
・お変わりございませんか　など

話し方のワンポイント

【あいさつの仕方】

①　自分から先に
②　活気のある、あたたかい声で
③　表情は明るく、さわやかな笑顔で
④　言葉遣いには気を配る
⑤　気遣いのあるひと言を添える
⑥　相手や場への気遣いも忘れない
⑦　相手の名前は覚える

第2章 声の力

～伝達のカギを握る

声は言葉以上に話の効果を左右します。声の大小やスピード、訛り、アクセントなどが話し手の評価や内容の信憑性にまでもおよびます。お店を後にする時に、「ありがとうございました！」と声をかけられ、気持ちよく店を後にする気になる場合と、何かないがしろにされたような気分になる場合とがあります。このように同じ言葉を聞いても、話し手の声を判断材料として、聞き手は様々に感じ、さまざまな受け取り方をします。声の大小・高低・強弱・調子・アクセント・スピード・間・滑舌・プロミネンス（強調するために強く言う）・リズム、訛り、方言など、すべてが言葉に特定の意味をもたせたり、全然違う意味をもたせたりしてしまうことさえあります。日常の会話はもちろん、職場での報告や説明、プレゼンテーションなどの説得力も声に影響されます。特に電話での応対は、声だけの会話のために、普段の会話以上にどう話したらよいかということに気を配る必要があります。また話し手の心の状態や準備の具合なども、声を通して聞き手には伝わりますので、話す場所や相手に応じて入念に準備をすることが重要です。

コミュニケーションにおける声で大切なことは、

①声が相手に届くことが絶対条件であり
②明るく、はっきりした声は好印象を与えますし
③正しく伝えるには滑舌やアクセントにも注意する

ことです。

❖声に出して考える、声に出して整理する

思考が停止する、考えがまとまらない、ということがあります。そのような時は考えていること、話そうとしている内容を声に出してみてください。声に出すとその声は一度自分から離れて、客観的な形で自分の耳に戻ってきます。「教えることは教わること」といいます。声に出して教えることは、自分で理解度や間違いを確認でき、人から教わること以上に自分の理解を助けます。

私たちは思考する時に言葉を使って考えます。その考えたことを整理するのにも、声に出すことは有効です。職場での報告や説明、プレゼンテーション、スピーチなどをする前に、一度声に出してみてください。選択した言葉は適切か、内容に矛盾はないか、表現の仕方や話す順序はこれでよいかなど、書いただけでは気づかなかったことが見えてきます。

声に出すことは、自分が人へ送り出すメッセージを客観視することになります。

❖内容に合わせて声をコントロールする

落ち着いた低めの声、さらにとおる声は聞き手の耳に心地よく、安心して話を聞く気にさせてくれます。話は声を通して内容はもちろん、感情や事柄の重要性など、様々な情報を伝えます。前述したように話の内容は同じでも、話し手の声によって伝わり方が違ってきます。したがって、話し手は自分の意図することが聞き手に伝わるよう、声を意識して話すことが大事です。「**声は顔ほどに人柄を表わす**」などといいます。声で人柄までも判断するのはいかがなものかと思われますが、事実、私たちは声を聞いて顔をイメージし、優しそう、怖そう、軽そう、信頼できるなどと勝手な想像をふくらませ、そのイメージをもって話を聞いてしまうことがあります。ここでいう声とは、前述した声の大小・高低・強弱・調子・アクセント・スピード・間・滑舌・プロミネンス・リズム、訛り、方言などのことです。そこに、話し手の感情も声として表現されます。聞き手は話し手の声を通して、言葉以上に話の内容や感情、重要度などを決定します。

「孫が生まれたの。大きくてね…」、友人から弾んだ声で電話がありました。初孫の誕生が嬉しくて、そこら中に電話をかけ回している友の気持ちが手に取るように伝わってきました。

先日、地震情報がテレビから流れました。二つの局のアナウンサーの対応がはっきりと分かれていて感じるところがありました。どちらもアナウンサーは女性でした。A局のアナウンサーは、声は落ち着いていて低め、ゆっくりと通る声で確実に情報を繰り返します。B局のアナウンサーは、早口でまくし立てるように繰り返します。津波の心配はないとの放送でしたが、本当かな？　と心配になるくらいアナウンサーの動揺ぶりが伝わってきました。この放送の意図は、①地震の情報を正確に伝えること　②聞き手に冷静に対処するよう促すこと　③不安を感じさせないこと、などでしょう。そう考えて聞いてみると安心して情報が聞けるのは、A局女性アナの冷静な声です。そこには①〜③の意図がしっかりと感じられたからです。

話し方のワンポイント

【意図が伝わる声の出し方】

①　滑舌よく話す
②　くっきり、はっきり話す
③　大事なところは「間」を取り、少し高く大きめの声で話す

第3章 話す表情
～心を映す鏡

「笑顔に勝る化粧はない」といいます。笑顔はあなたを輝かせ、人を和ませます。また、「目は口ほどにものを言い」で、目の表情は実に豊かです。あなたの心の状態を如実に相手に伝えていきます。このように、あなたが話す時の表情や身振りは聞いている人に視覚情報となって伝わり、言葉を超えて大きく相手に影響を与えてしまいます。

ある就職試験の面接官は「面談での質問に、準備してきた話を一方的にしゃべり続ける人より、笑顔で面接官を見回しながら話し合うように、また、確認するように質問に応える人は、表情が豊かでコミュニケーション力が感じられるので採用する」と言っています。

ラジオで活躍している、絶妙な語り口で人気のあるフリーアナウンサーの講演を聞きに行った時のことです。その講演ではその方の目がほとんど笑っていなかったのです。業界の厳しい競争を背負っているのでしょうか、眼の奥の鋭いものに圧倒されて面白い話も冷めて聞こえました。視覚から入る条件が言葉をはるかに超えることを実感しました。

二〇二〇年東京オリンピック招致のプレゼンテーションで、パラリンピックの佐藤真海

さんのスピーチは世界中の人に感動を与えました。十九歳で足を失い、絶望の中で「私にとって大切なのは、私がもっているものであって、私が失ったものではないと学んだ」と言い、また、東日本大震災で津波が故郷の町を襲った時、他のアスリートとともにスポーツ活動を通して被害者を励ましながら、スポーツが与える力の大きさを実感したと語りました。その時の笑顔は爽やかで希望に満ち、心和ませる印象的な一場面でした。

このように**あなたが話している時の相手の反応はあなたを映す鏡です。**あなたが明るく前向きな話をすれば相手も元気になり、勇気をもらえます。もし相手があなたに不快な反応をしたら、それはあなたの言葉、もしくは表情や態度に原因があるのかもしれません。

このようにお互いは、相手の心の鏡を見ながら反応し合い、関係は動いていくのです。時には謙虚に自らを振り返って自己検討してみるのも大切なことです。

話し方のワンポイント

【相手の鏡を見て自らを振り返る】

① 話は話し手の心と豊かな表情が絶妙に調和してこそ、相手に受け入れられる
② 緊張は聞き手に伝わるので、肩の力を抜いて笑顔で
③ 偽りで取り繕っても、目や態度に表われる

第4章

敬意を表わす表現の実際

～敬語がすべてではない

社会人になると目上の人や立場の違う人と接することも多くなり、敬語を使う機会も増えてきます。相手や場に相応しくない表現をしてしまったり、間違った言葉遣いをしたりして人を不快にさせることのないように正しい敬意表現を身につけましょう。言葉遣いや敬語をしっかり身につけると、社会人としての品格が出てきます。

その表現方法には、敬語と敬意的表現の二つの方法があり、身につけるとコミュニケーションが円滑になり確かな人間関係が築けます。それには、

・敬　語：敬語のきまりに従った表現
・敬意的表現：敬語のきまりに従ってはいないが相手の色々な面に配慮した表現

① 敬意を表す表現の意義を十分に理解する
② 敬語は敬語の原則に従って使用する
③ 敬意的表現は敬語の決まりには従わないが相手の色々な状態に配慮して表現する
④ 呼称は、一般的規則を十分に理解し場面に応じて使う

⑤　電話は相手の姿が見えない会話だということを意識する

敬語がコミュニケーションを窮屈にしていると懸念する向きもありますが、**真実は真逆**なのです。このことについては後述します。

❖敬意を表わす表現はなぜ必要なのか？

敬語なんて面倒な規則はまっぴらだと考えているあなた！　大きな勘違いです。社会生活や人間関係が多様化する中で、確かな人間関係を築いていくためには敬語の重要性は変わらないと認識する必要があります。皆さんが年上の方やお客様、上司などと話をしなければならない時でも、敬語のルールに従って話をすればいいのです。**敬語は、相互尊重の精神に基づき相手の地位、立場、年齢などの違いからくる心理的な差を調和し、対等に話せる働きがあります。**こうしたことから、**敬語は「調和語」とか「対等語」**とも呼ばれています。ここで注意すべきことは、敬語を敬語のルールに従っていればよいとだけ思わないことです。ただし、敬語に慣れないうちはマニュアルに従って敬語の基本を身につけてほしいと思います。そして、敬語に慣れてきたら、場や状況に合わせて自分が適切だとして選んだ「自己表現」だと認識する必要があります。敬語を使うと、どのような気持ちが表現されるのか、表現されないのかを考えて敬語を使ってください。

❖敬語には属さない敬意的表現の実際

敬語法にのっとってはいないけれども、「ひと・もの・こと」などへの配慮が表われている表現のことを敬意的表現と言います。「ちょっと悪いけど、その本とってくれない！」というような言い方は、敬語ではありませんが、「ちょっと悪いけど」に相手への配慮の気持ちが表わされていますので、敬意的表現です。

最近の日本社会の人間関係は、絶対的な上下意識から、場や状況に応じてフラットな相互尊重的な意識へ、形式的な関係から機能主義的な関係へと変化してきました。**こうした社会の変化に呼応して、敬語以外にも、敬意的表現というものが必要となってきたのです。**最近では、年齢や地位の高い者から低い者へ、敬意的表現をすることへの抵抗感がどんどんなくなってきているようです。例えば、組織の役割を離れた趣味の場などでは、職場の人間関係とは違った表現、対応をしたほうがよいこともあります。また、「どちらへお出かけですか？」「ちょっとそこまで」のように、あいまいに表現されたものに対しては、深く入り込まないなど相手への思いやりや想像力が大切で、これらも相手に敬意を表わした敬意的表現といっていいでしょう。

❖敬語の分類と使い方

新分類	五種類	従来
尊敬語	「いらっしゃる、おっしゃる」型 相手側、または第三者の行為・物事・状態などについて、その人物を立てて述べるもの	尊敬語
謙譲語Ⅰ	「伺う、申し上げる」型 自分側から相手側、または第三者に向かう行為・物事について、その向かう先の人物を立てて述べるもの	謙譲語
謙譲語Ⅱ（丁重語）	「参る、申す」型 自分側の行為・物事などを、話や文章の相手に対して丁重に述べるもの	
丁寧語	「です、ます」型 話や文章の相手に対して丁寧に述べるもの	丁寧語
美化語	「お酒、お料理」型 物事を美化して述べるもの	

平成19年2月2日の文化審議会国語分科会「敬語の指針」より

❖敬語の使い方とよく使われる敬語一覧

〈普通の表現〉	〈尊敬語〉	〈謙譲語〉
見る	ご覧になる	拝見する
食べる	召し上がる	いただく
する	なさる	いたす
言う	おっしゃる	申す
いる	いらっしゃる	おる
行く	おいでになる　いらっしゃる	伺う　参る
来る	いらっしゃる　お見えになる おいでになる　お越しになる	伺う　参る
話す	お話になる	お話しする
聞く	お聞きになる	お聞きする　伺う
持つ	お持ちになる	お持ちする　持参する

・敬語の使い方

①　尊敬語の基本的使い方　お（ご）～になる　～れる　～られる
②　謙譲語の基本的使い方　お（ご）～する　お（ご）～いただく
③　丁寧語の基本的使い方　～です　～ます　～ございます（丁重語に近い）

❖どのような呼称にすべきか？　あなたの常識度が試される！

呼称と〝お〟〝ご〟の使い方

①　自分側の呼び方
自分を指す言葉として、わたくし、（少し砕けた時は）わたし、あたし
②　相手側の呼び方
直接相手を呼ぶ言葉として　～さん、～様、ご主人（さま）、奥さん（さま）
あなた（少しくだけた間柄、同格者や後輩に使う。年長者や先輩には使わない）
きみ（仲間、部下、後輩に使う）
相手の身内を指す言葉として　お父様、お母様、ご子息、お嬢様、パートナー

③　会社や団体の呼び方

自分側　当社、弊社、当店、私どもの会社

相手側　御社、貴社(主に文書で使う)、〜会社さん

④　役職者の呼び方

自分側　部長の〜、社長の〜

相手側　〜部長、部長の〜様

⑤　〝お〟〝ご〟の使い方

相手の動作状況に属するもの　ご機嫌、お達者、お見事（上位の人には使わない）

自分の動作でも相手に関わる時　ご連絡、ご報告、ご説明

〝お〟〝ご〟を付けないと意味が分からない時　おしゃれ、お開き、ごはん

〝お〟と〝ご〟の区別

原則として、訓読みの和語に〝お〟を付け、音読みの漢語には〝ご〟を付ける　お尋ね、お教え　ご質問、ご教授　（ただし、例外も多い）

❖これだけは覚えてほしい接遇表現

ビジネスではNG表現	丁寧なビジネス表現
わかりました　了解しました	かしこまりました　承知しました
できません	できかねます　いたしかねます
ご苦労様でした	お疲れ様でした　お疲れ様でございました
お約束はしていらっしゃいますか	お約束はいただいておりますでしょうか
佐藤はお休みをいただいております	申し訳ございません。佐藤は休みをとっております。明日○日は出社致します
課長に申し上げておきます	課長に申し伝えます
私が用件を聞きます	私が用件を伺います　私が承ります
お名前をお書きください	書いていただいてもよろしいですか?
お分かりですか	よろしければご説明いたしましょうか
(電話で)お声が小さくて聞き取れないのですが	もう一度お名前をお伺いしてもよろしいでしょうか

❖覚えておきたいクッション言葉

丁寧さがアップし印象が柔らかくなるクッション言葉は、ビジネスの場ではぜひ身につけておきたいものです。また、相手の都合や意向を伺う形の依頼形を使うと、相手に指示をされたという感じを与えずに相手を立てることができます。

①　相手に面倒を掛ける場合

・恐れ入りますが〜
・お手数をおかけしますが〜
・ご面倒をおかけしますが〜

②　相手の意向を尋ねる場合

・お差し支えなければ〜
・よろしければ〜
・ご都合がよろしければ〜

❖お願いは、クッション言葉＋依頼形

・恐れ入りますが＋こちらでお待ちいただけますか？

・お手数ですが＋ご確認いただけますか？
・申し訳ございませんが＋お願いしてもよろしいでしょうか？
・よろしければ＋お出かけになりませんか？

❖こんな時の敬語表現

① 元上司が部下になった時の言葉遣い
・基本は丁寧語　○○さん、これをお願いします。
・丁寧語＋依頼形　○○さん残業をしてほしいのですが＋お願いできますか？

② 話し相手の連れ合い（夫、妻）の呼び方
・苗字で（例えば、吉田さんなど）相手の考え方で変わるので柔軟に対応する

話し方のワンポイント

【敬意を表わす表現の心得】

① 敬意的表現の前に、人と場の状況をしっかり把握する
② 敬語はビジネスの武器である
③ 敬語は堅苦しさを助長するものではなく、それを解放してくれるものである

第5章 伝わるメールの書き方
～キリッとして礼を失せず

メールは会話のように面と向かって相手を見ながら書いているわけではありません。それだけに、十分にマナーをわきまえ、中傷めいた言葉や否定的な言葉を使って相手を傷つけ、不快な思いをさせたりすることのないように礼儀をわきまえましょう。

言いたいことを簡潔に上手に伝え、そして相手から好感を持たれるようにするためには、

① **「件名」は一目で分かるように書く**

相手が多くのメールの中からあなたのメールを探し出す時、その用件が一目で分かれば助かります。件名の後に送り主の名前を入れるとなお一層判断しやすくなります。

件名の中身は「○月○日　○○○会のご案内」のように「日時」「固有名詞」「用件」を書くと分かりやすくなります。

② **本文の内容は簡潔に書く**

内容は一目見て分かるように「先日お送りしたのが○○の新商品です。従来のものより…です」のように主語と述語を離しすぎないで書くと理解しやすくなります。

また、内容が複雑で長い文になりそうな時は箇条書きにするのをお勧めします。読み手の頭の中で整理して覚えられるのは三つぐらいまでです。

③ 分かりやすい言葉遣いで書く

メールはどんな相手が読んでも的確に理解できるように書きましょう。普段友達同士で使っている「**若者言葉**」は日本語として違和感があります。特に公のメールでは正しい日本語で書きましょう。

文法上の誤り	備考
食べれない　⇓（正）食べられない	「ら」抜き言葉
休まさせていただきます　⇓（正）休ませていただきます	「さ」入れ言葉
行けれます　⇓（正）行けます	「れ」入れ言葉
すごい早い　⇓（正）すごく早い　（正）とても早い	
全然いい（本来は　全然＋否定形）⇓（正）断然いい	
俗語	
うざい　⇓（正）わずらわしい	
メアド　⇓（正）メールアドレス	

④ 分かりやすく礼を失することのない文章にする

・絵文字は仕事関係のメールには幼稚な印象を与えてしまいます。絵文字はしっかりした文章表現にして伝えてください。

・心がこもっていない敬語の使い方は相手に慇懃無礼な印象を与えてしまいます。また、敬語を丁寧に付け過ぎると、くどくなります。適当に間引きをして最後をきちんと敬語で締め、すっきりした文章にしましょう。

・尊敬語に「られる」をつけて二重敬語になっていることに、気がつかないで使用している人が多く見受けられます。すっきりした尊敬語を使用しましょう。

誤	正
おっしゃられていました	おっしゃっていました
お帰りになられました	お帰りになりました
ご覧になられました	ご覧になりました

・「朝いちばんにお伺いします」「数日後にご連絡します」などのあいまいな表現はトラブルのもとになりやすいので、数字を使って「朝9時にお伺いします」「2～3日中にご連絡します」とはっきり分かるように表現してください。

・否定的な表現を肯定的な表現に置き換えた文章にしましょう
「○時以降のご注文は受け付けられません」⇓「ご注文は○時までお受けしています」
このように、肯定的な表現のほうが、相手も素直に受け入れやすくなります。
・お願いする時は相手に配慮して、気遣いのあるクッション言葉を使いましょう。
「お忙しいところ」「恐れ入りますが」「お差し支えなければ」などを添える。
・文章を書き終えたら、変換ミスをしていないか念を入れて点検しましょう。
最後に署名するのをお忘れなく。

⑤　返事はできるだけ早く出す

先方への返事はできれば24時間以内にしたいものです。返事ができない時は、受信確認とともに、いつまでに返事をすると連絡しておけば相手は安心します。

話し方のワンポイント

【好感のもたれるメール】

① メールはワンセンテンス三〇字程度にすると、すっきりする
② 誤解されない文で分かりやすく書く
③ だれが読んでも、礼儀をわきまえた気配りのある文にする

第6章

雑談の働き

～にじみ出る「雑炊」のうまさ

あいさつから始まった会話（雑談）は、お互いの人となりを理解していく中で、心触れ合うものとなり、徐々に親しく潤いのある人間関係へと進んでいきます。こうして生まれた絆が円滑なコミュニケーションをつくり、この基盤の上に次のステップである対話へと進んでいけます。

しかし現代のコミュニケーションツールはツィッターやフェイスブックなどにみられるように圧倒的に増えてきています。これらにより便宜が図られコミュニケーションの場が急速に拡大されてきました。しかし、それに伴い、弊害も多くなってきているようです。相手の表情や声のトーンのない文字の世界で、言葉の誤解から、ああだ、こうだと憶測が飛び交い、その中の人間関係に振り回されて疲れるという声も多く聞かれます。

私たちはこの社会では、気心の知れた仲間ばかりではなく、世代を超えた様々な環境の中に生きる他者と色々な関係を持ちながら存在しています。それらの関係の中でコミュニケーションを図ってこそ、社会人としての成長が期待できます。

このコミュニケーションを図るには、まずあいさつから始まる会話です。会話は人と人が向き合って言葉を交わしていきます。言葉の情報伝達と同時に、その言葉の裏にある感情を受け止めながら、顔や目の表情、輝き、そして言葉の抑揚、声の調子などにリアルに反応し合っていきます。このような情緒的な触れあいの中で人の温もりを感じ、お互いの人柄を理解し親しくなっていきます。**会話は「人と親しむ」関係を築くことが目的です。**

会話が苦手だからと消極的になってはいけません。まず慣れることです。相手に謙虚で誠実な関心を寄せ、好奇心に眼を輝かせて聞き手に回れば、相手から好意をもって受け入れてもらえます。こうした人との交流はあなたを助けます。困っている時には相談に乗ってくれたり、色々と協力してもらえたりします。このように**会話はあなたの人生の扉を開いてくれる夢のカギともなる大事な場所です。**まずは難しく考えず、雑談になればいいと気軽に考えて豊かな人間関係を築いていきましょう。

その会話をスムーズに展開するには、

①　**恐れず、自分から先に近づいて、笑顔であいさつをする**

②　**同じ状況の中で気づいたことを口に出して、きっかけをつくる**

③　**相手に心地よくどう話してもらえるかに心配りをする**

④　**「楽しく盛り上げる」を基本に、よい聞き手になるように話す**　ことです。

❖雑談を楽しもう

会社などで、ごく親しい人との会話は気兼ねなくできて、あまり問題ありませんが、その他の**人との会話には、心の底に敬意を忘れないことです**。

相手を敬って敬語を使えば、相互の地位、立場、年齢などの違いからくる心理的な差を調和し、対等に話せるようになります。また、場や状況によっては敬意的表現も必要です。敬意的表現とは、前述したように敬語のきまりには従ってはいないけれども、相手のいろいろな状態に配慮する表現のことです。人に対しておごることなく、いたずらに自分を卑下することもなく、対等の心構えで接しながら雑談を楽しみましょう。

会話に臨む時に「いつもくだらない話ばかりで、付き合っていられない」などと、話の中身の正確さや価値にこだわりすぎる人がいますが、会話ではそれはあまり重要ではないのです。雑談でいいのです。雑談には宴会の鍋からつくる雑炊のうまさが出るものです。追求しすぎたり、話の腰を折ったりしないようにすることのほうが大事です。

「和を以って貴しとなす」は、聖徳太子が人々の守るべき道徳として「十七条憲法」第一条に掲げたものとしてつとに有名です。以来、人々の心の中にはこれを大和魂として受け継いできています。そのため、日本人は少しの考えの違いで対立するよりも「以心伝心」

「阿吽の呼吸」を大事にし、「一を知って十を知る」のように空気を読む「察し型文化」になってきました。意見の対立よりも、あいまい表現で分かり合う工夫をして、**和を優先し、感情的ないさかいを避けることを美徳と考えます。それゆえ、この和の親しみの土台を作ることが大事なのです。**ただし、欧米人との会話は、最初から自分の意見をはっきり言わないと認めてもらえないこともあります。

営業で企業訪問した時でも、いきなり本題には入りません。部屋の周りをそれとなく見渡し、そこに掲げてある絵画や社訓などに目を留めたり、またはその日の天気などを軽く話題にしたりしてお互いの緊張を解きほぐし、気心が知れ合ってから本題に入ります。そのほうが、先方から身構えられることもなくスムーズに商談が進みやすくなります。

そうは言っても、会話が途絶えて、気まずい思いをすることはだれにでもあります。それを少なくするには、話題を切り出す時、答えが「イエス」「ノー」で終わらない問いかけをする工夫が大事です。旅行に行った人に「〇〇はどうでした?」と具体的に声をかければ「あそこはすばらしい所ですよ。景色が…」と話が続きやすくなります。

その時、タイミングよく合いの手を入れていきます。合いの手はしっかり話を聞いていることを相手に知らせる役目をします。それによって相手も安心して話を進められます。

❖合いの手の入れ方

合いの手の入れ方は、場面によって様々です。

・相づち　（へえー　・そうかー　・ホホー　・あるある）

・うなずき　（そうですね　・なるほど　・そうなんですか　・それはすごい）

・同意　（そうね、そのとおり　・本当にそう思います　・さすがね）

・同感　（まったくですよ　・その通りです）

・同情　（大変ですね　・お察しします　・ひどいわね　・お気の毒に）

・感動　（ワーすごい　・ウワーすばらしい）

・疑問　（え、ということは　・そうかしら　・どうしてそうなの）

・質問　（なるほどそれで　・それから　・そこでどうなさったんですか）

また、いくつかの気配りで、人の心を和ませ、会話を盛り上げることができます。

・印象的だった言葉をとらえて繰り返す

「国際宇宙ステーションって地球から400キロメートル上空を飛んでるんだってね」

「えー、地球から400キロメートル上空を飛んでいるの、そんなに近いの、だって東京から大阪までを一直線にして測った距離と同じじゃない！」

・**ほめ言葉を入れる**　「○○さんて、そういうところがすばらしいのよね」「今日の洋服（ネクタイ）とても似合っているわ」

会話の中で相手の長所に気づいたら具体的にほめましょう。ほめることはお世辞ではなく、そのことに感動したからほめ言葉が出てきたという誠実さがあることが大事です。

・**名前を呼ぶ**　会話の中に相手の名前をさりげなく時々入れましょう。これは特に初対面の時には相手に好感を与えます。「部長さん」と呼ぶよりも、「○○部長さん」のほうがはるかに相手の存在を認めた好感度の高い呼び方となります。

・**感謝の気持ちを表わす**　ちょっとした気遣いを感じた時は、素早く反応して感謝の気持ちを言葉に表わして言いましょう。

こうした絶妙な合いの手の入れ方は、反射的に相手の言葉に対応し、笑みを含んだテンポのよさが必要です。もし、「ふ〜ん」「そうなんだ」をテンションの低い言葉で発したら、相手の気持ちはなえてしまいます。

会話の途中でタイミングよく、相づち・うなずき・質問・笑顔・ほめ言葉・名前・感謝などを入れていけば、会話はきっと心地よく弾みながら流れていきます。

そして、**全員に話す機会を振りわけあう気配りも必要です。**

❖話の材料を見つけ話題を豊富にする

会話のモットーは楽しさにあります。会話をしていて楽しいと思える人は、話す内容がとても豊富です。しかも、時や場、人に合わせて、興味の持てる話が選択されてどんどん出てきます。実は話の材料は身の周りにたくさんあります。体験し見聞きしたこと、本を読んで学んだこと、そして印象に残った言葉、ことわざなど話材には事欠きません。

日頃から物事に感動し、好奇心と観察力を働かせてアンテナを張り巡らせていると、興味ある情報がたくさん飛び込んできます。問題意識をもってそれらの意味を調べ、深く考え組み立てていれば、話の材料として自分の意識の引出しに蓄えておくことができます。

これを会話の場に合わせて取り出し、話題として話せばいいのです。

特に、子どもの時のこと、学生時代やアルバイトの経験は、他に代えがたい話題の宝庫です。身をもって体験しただけに内容が生き生きとしていて、リアルなその時の感情と臨場感が、話を聞く人に伝わり心を動かされる話になっていきます。

また、自分の趣味や特技を深く探究していくと、その話題は自分らしさとなって自らを励まし、何となく尻込みしていた会話に、積極的に参加できる自信を与えてくれます。こうした工夫を日常的にしていると、不思議にも、今まで気づかなかったことに気づき、前よりも一層深い問題意識をもって物事を観察している自分を知ることになります。こうして話題はどんどん増えていきます。

新聞の人生相談にこんな記事が載っていました。ある女性が「私はお金を楽しく使うことができません。交際費も月一万円までと決めています。友人にもなるべくお得感のあるものを選んで誘っています。時に高い料金のものに手を出しても後で後悔しきりです。私はケチなのでしょうか」という相談でした。

経済学者の金子勝さんはこう答えていました。「もちつけないお金を気前よく使おうとすると、生活が崩れてしまいます。あなたはケチではありません。お得感があるとこの上なく楽しい気分でお金を使っているではありませんか。本当のケチというのは、落語の『しわい屋』の中の究極のケチ比べです」と。それは、扇子を半分開いて五年間使い、残りの半分で五年間使って扇子を十年もたすと自慢する人に、もう一人は、扇子は威勢よく全部開いて使うが、傷みが早いので自分で首の方を振ると返します。こういうネタ話を引出しに入れておくと、ひょんな時に使えます。たとえば、友人がとても粋な扇子を使って涼んでいるのに出会ったとします。その時、その扇子のセンスのよさをほめながら、ケチ比べの二人を思い出して、その扇子を長持ちさせる方法を伝授したりするとうけます。

❖雑談には人柄がにじみ出る

吉野弘さんの詩に「祝婚歌」という、会話の極意がいっぱい詰まっている詩があります。

「祝婚歌」

二人が睦まじくいるためには
愚かでいるほうがいい
立派すぎないほうがいい
立派すぎることは
長持ちしないことだと
気づいているほうがいい
完璧をめざさないほうがいい
完璧なんて不自然なことだとうそぶいているほうがいい
二人のうちどちらかが
ふざけているほうがいい
……（略）……
正しいことを言うときは

少しひかえめにするほうがいい
正しいことを言うときは
相手を傷つけやすいものだと
気づいているほうがいい
……（略）……
そして
なぜ胸が熱くなるのか
黙っていても
二人にはわかるのであってほしい

このように穏やかな時の流れの中に身を置いてみたいと思いませんか。
会話はその人の人柄がしのばれてきます。会話のあちこちに配慮が感じられ包容力のある人、言葉のすみずみから教養がほとばしり出る人、口下手だけれどもとてもあたたかく、謙虚さを心底にもっていてこちらの心が癒される人、などがいます。

会話は言葉だけでなく、顔の表情、視線の動き、そして身振りや姿勢など、そのトータルの表現が話す人の品格となって表われます。

❖話は聞き手が決定する

話は、聞き手を考えて**否定的な表現は避け、あたたかい肯定的な表現に置き換えて話しましょう。**そんなつもりで言ったのではなくても、話は聞き手の心にどう届いたかによって決定されてしまいます。そのひと言で人間関係にひびが入ってしまった例は、枚挙にいとまがありません。

とても仲のよかった夫婦にこんな話があります。それは夫のひと言でした。夫の転勤が決まった時、夫が落ち込んでいたので、妻は夫を励まそうと「苦しい時はチャンスの時よ」と明るく声をかけました。すると、夫の口から出たのが「お前は気楽でいいよな」という言葉だったのです。妻は転勤のたびに生活の環境が変わる中、二人の子供を懸命に育ててきたのに、夫はずっと私を「お気軽者」と思っていたんだと。それが本音のように思えて、心の中の信頼度がぐんぐん下がっていく気がしたのです。それからしばらくして、彼女はパートを始めました、もう二度と「お気軽者」と言われたくないために。

しかし、その後、夫と口喧嘩するたびに、「私はお気軽者ですから」と言ってしまう自分に嫌気を感じはじめ、夫が「ごめん」と謝るたびに、妻は「許さなければ」と思うのですが、心がいうことをきかなくなったというのです。

「駟《し》も舌に及ばず」ということわざがあります。一度口から出てしまった言葉は、どんなに悔やんで、四頭立ての馬車で追いかけても追いつけないという意味の言葉です。言葉を選ぶことがいかに大切かを肝に銘じましょう。

話し方のワンポイント

・何か話すきっかけに困った時や、会話がとぎれた時には、次のキーワードを思い出して、身近な問題で相手が応えやすい話題を掘り起こしましょう。

【裏木戸《うら》にたてかけさせし衣食住】

うら：裏話　**き**：季節・気候　**ど**：道楽・趣味　**に**：ニュース　**た**：旅　**て**：テレビ

か：家庭・家族　**け**：景気・健康　**さ**：酒　**せ**：性・恋愛・結婚　**し**：仕事・出身地

衣：衣服　**食**：食べ物　**住**：住居

・気をつけたい話題には、次のような覚えやすい言葉があります。

【我仏《わがほとけ》、隣の宝、嫁姑《よめしゅうとめ》、天下の戦《いくさ》、人の善悪《よしあし》】

我：自慢話　**仏**：宗教信仰　**隣の宝**：ねたみ・やっかみ　**嫁姑**：（婿舅）その悪口

天下：政治・軍事　**戦**：勝負事・肩入れしていること　**人の善悪**：人の中傷

第7章

会話と人生

～果てしない潤いを求めて

人は会話の内容から、自分が他人にどう評価されているのかに強い関心をもち、敏感に反応します。嫌いだ、信用できないと思った人の話には耳を傾けたくないものです。

江戸の庶民は、「**人は皆、仏の化身と思えば優しくなれる**」という教えを肝に銘じて、教え合い、助け合い、いたわり合いながら、日常生活を円滑におくるよう努めていたとのことです（越川禮子『江戸しぐさ』）。

また、現代の科学の解明によると、「**人間の赤ちゃんは三十八億歳**」だといいます。母親の胎内でわずか四十週間の間に、赤ちゃんは三十八億年をかけた壮大な生命進化のドラマを成し遂げて、数十兆個の細胞から成る人間の形になり、人として誕生してきているということです（村上和雄『スイッチ・オンの生き方』）。このようにして生まれてきた**人間はみな奇跡の存在**だと思いませんか。お互いの存在を尊ばずにはいられなくなります。太陽系の中で青く輝くこの地球に、偶然の奇跡から出会ったのが人間同士です。お互いを敬い、いたわりながら、潤いのある人間関係を築いていきましょう。

そのためにまず、心の姿勢を整えましょう。

①人の喜びごとを共に分かち合える人になる

②人の悲しみを体感できる人になるよう心がける

③どんな人に対しても謙虚で対等の心構えを忘れないようにする

❖人の喜びごとを共に分かち合おう

潤いのある人間関係は心の姿勢から生まれます。ことに前述の①②③を心がけたいものです。実は、人の喜びや悲しみを自分に引きつけて考えることは、言うは易しでなかなか難しいことです。会社の同僚が昇進した時、心から「おめでとう」と言える人は意外と少ないものです。身近な人のことは、つい自分と比較して、妬み心が出てしまい素直に喜べないのが人の心理です。だからでしょうか、人は自分や身内に喜びごとがあっても自慢話になってはいけないと、遠慮して他人には言いづらいのです。ですから、気がついたら積極的に声をかけて一緒に喜びあいましょう。そのエネルギーも分かち合えたら元気が出ます。そういう心の余裕が人間関係に潤いをもたらすのです。また、自慢話は鼻につくといいますが、相手の自慢話の中には自分とは違った世界もたくさん見えます。興味を広げて聞くのも勉強になりますから、心を開いて聞き手に回ってみてはいかがでしょうか。

❖人の悲しみを体感できるように心がけよう

人間が生きるということは、重石を背負って歩いているようなものだといわれます。

相田みつをさんの詩に「うん」という詩があります。

「うん」

つらかったろうなあ／　くるしかったろうなあ／　うん　うん

だれにもわかってもらえずになあ／　どんなにかつらかったろう／　うん　うん

泣くにも泣けず／　つらかったろう／　くるしかったろう／　うん　うん

わかってたまるか、人に踏まれてばかりいる、雑草の苦しみが。

ことに人の苦しみは、他人には分かりにくいものです。もしそういう話を切り出されたら、ただ「うん　うん」とうなずくのが精一杯かもしれません。しかし、その分からないことが分かってうなずくことが大事な意志疎通になるのです。

あのマザー・テレサが一九八四年に来日し、上智大学で『飢えと生命』と題して講演を行いましたが、彼女はその時、「貧しいものは、パンに飢える人や路上生活者だけではありません。豊かさの中にあっても、愛に飢える人、社会から見捨てられる人はもっと貧しい。食べものがないことから起こる飢えよりもっと困難なのは、精神的な飢え、愛の渇き、心の飢えです」と言っています。**心の貧困は物質の貧困よりも、もっと深刻になっているというのです。**

今の社会には、世の中から見捨てられ、自分は必要とされていないと思い、孤独感にさいなまれている人がたくさんいます。社会の因果関係の中に暮す私たちにとって、これは他人事ではありません。明日は我が身かもしれないのです。手を差し伸べ、寄り添い、励まし合っていきたいものです。

悲しみの中には、二〇一一年の東日本大震災の時にも体験したように、人に言えず、ただただ慟哭の暗闇の中に身を沈めるような深いものもあります。そういう時は言葉もなく、ただ寄り添っていることしかできないかもしれませんが、「どんな時にも忘れずに、あなたの傍にいますよ」と共感し合う気持ちが大事なのではないでしょうか。

マスメディアの発達によって、現代社会は言葉が乱舞しています。テレビを付ければ、言葉のない番組はありません。ネットを見れば文字がづらづらと並んでいます。あたかも言葉がすべてであるかのように。中には災害現場、殺人現場の中継で、言葉の限りをつくしています。しかし、**人間関係は言葉がすべてではない時もあるのです。その時は、ただ「うん　うん」とうなずく、その表現は言葉以上の心を表わす**ことになります。

❖どんな人に対しても謙虚で対等の心構えを忘れない

今、社会問題として、他者を軽視する傾向があることが指摘されています。上から目線で人を見下し、横柄な言葉を使う人をよく見かけます。他者への勝手な優越感、人の命や尊厳に対する無関心、あるいは自分より弱い者や自分に逆らう者を簡単に排除しようとする傲慢さ。劣等感の裏返しのようなこの現象を憂えずにはいられません。

江戸の庶民の間には、「三脱の教え」というのがあったようで、初対面の人には、年齢・職業・地位を聞かないというルールです（越川禮子　前掲書）。この三つがあると、それが先入観となって公平な眼で人を見ることができなくなるというのです。士農工商という身分の違いがあるにもかかわらず、江戸の庶民が、どんな人に対しても、謙虚で対等な態度で接することの大切さをわきまえていたことに驚きます。

江戸の中期には庶民の文化が開花しましたが、その一つに狂歌があります。いろいろな階級の者が身分や男女の垣根を取っ払って、「連」という自由なグループをつくり、よく歌会を行なっていました。

武士や商人や町人は、それぞれの身分を問題にしないために、狂名を名乗り、平等な一人の人間同士として心自由に付き合おうとしたのです。たとえば、

尻焼猿人《しりやけのさるんど》：姫路城主の弟、れっきとした武家の生まれで、画家・俳人でもある酒井抱一、
手柄岡持《てがらのおかもち》：秋田佐竹藩の江戸留守居役の平沢常富で黄表紙作家、
元木網《もとのもくあみ》・知恵内子《ちえのないし》：京橋風呂屋の夫婦、
加保茶元成《かぼちゃのもとなり》：吉原の遊郭、大文字屋の主人、といったところです。

そんな中でつくられた「世の中にかほどうるさきものはなし　ぶんぶといふて夜も寝られず」という狂歌。これは、老中松平定信の寛政の改革の文武奨励を揶揄したものです。謹厳実直、倹約奨励の息苦しさと、「文武」を蚊の羽音に掛けて諷刺した歌です。

江戸人たちの粋な人づきあい中にユーモアと機知に富んだ謙虚で平等な社会があったことが伺えます。そこから学べることがたくさんあるのではないでしょうか。「実るほど頭を垂れる稲穂かな」で、いかなる時も謙虚でいきましょう。

話し方のワンポイント

【職場の無礼講という宴席での心得】

① 上司との会話は自分の視野を広げてくれる貴重な機会になる
② しかし、馴れ馴れしく、ふざけ過ぎると失礼になる
③ 目上の人には敬語を使い、卑屈にならず対等に話す

第8章

話し合い（対話）と未来
～対話は希望の扉を開く

対話とは自分と他者とが向かい合って話し合うことです。意見の違いを乗り越えて様々な問題を解決し、協力し合って目的を達成していくことに主眼があります。**その有り様によってはあなたの人生をより豊かな可能性と創造の世界へと導いてくれます。**

人生には必ず何度か人生の扉を叩いてくれる人が現れます。ひた向きに努力していれば色々な場面で、思いもかけず背中を押して引き立ててくれる人に出会える時があるのです。

夏目漱石が東京帝国大学の教師だったころ、漱石を慕ってくる客が多く、自宅に「木曜会」なるものを開きました。そこには門下生をはじめ、各界で活躍する人々が集まり忌憚のない対話が交わされました。そこでの漱石は面倒見がよく、門下生を励まし文壇デビューの支援を惜しみませんでした。

芥川龍之介がまだ学生だったころ『鼻』という作品を発表しました。それを読んだ漱石は「あなたのものは大変面白いと思います。非常に新しいものが眼につきます。ああいうものを是から二三十並べて御覧なさい、文壇で類のない作家になれます…」と手紙で励まします。芥川はこの前年に『羅生門』を発表し、悪評を浴びていましたが、この漱石の賞賛と推薦を受けたことが、文壇への登竜門となりました。

また、『赤い鳥』を創刊し、児童文学の発展に寄与した**鈴木三重吉**においては、帝国大学在学中は漱石の学生でしたが、精神衰弱を患い休学していました。その時『千鳥』という作品を書き、漱石に送ったところ、やはり手紙で「千鳥は傑作である。こういう風に書いたものは普通の小説家に到底望めない。甚だ面白い。三重吉君万歳だ。そこで千鳥をこの次のホトトギスへ出そうと思う」と励まし、俳誌『ホトトギス』の発行者である高浜虚子に依頼します。そして、これが『ホトトギス』の巻頭に掲載され、鈴木三重吉の出世作となりました（矢島裕紀彦『心を癒す漱石の手紙』）。

今年二〇一四年は夏目漱石の没後すでに九十八年にあたります。未だその人気が絶えないのは、円熟した境地から溢れ出る人格に読者の渇いた心が勇気づけられるからでしょう。

このような実りある対話をするためには、どうすればいいのでしょうか。それは、

① **礼節をもって誠実に人の話を傾聴し、物の見方、考え方を理解する**
② **「ひと・もの・こと」に好奇心を抱き、応答・質問を繰り返し、話の充実を図る**
③ **人と人の絆から溢れ出る新しいエネルギーを信じ、感謝する**　ことです。

❖話し合いはなぜ大切か

考え方や価値観の違う人々が集まって暮らす社会はきれいごとばかりではありません。家庭や学校・職場などを見ても、色々な問題が発生します。ちょっとした問題でも、その都度話し合いによって解決し、信頼関係を築いておきたいものです。

小さな問題を大したことではないと思って放っておいたり、強引に押さえ込んだりしていると、大きな問題が発生した時に、今までふつふつと噴き上がっていたものが、大爆発を起こしてしまうことにもなりかねません。この時、支払うエネルギーの消耗は大変なものです。事の大小から考えるのではなく、問題だなぁと思ったら、早めに口に出して、人の意見を聞く習慣をつけておくようにしましょう。

普段からこまめに話し合い、信頼関係を築いておけば、家庭でも職場でも、円滑な人間関係の中で、安心して仕事にも打ち込むことができます。

人はそれぞれ生まれ育った環境も性格も違います。ましてや、経験や知識においてはなおのことです。当然それぞれ違った考えや価値観をもっています。お互いに精神的異文化の者同士なのです。言葉に出さなければ分かり合えないことがたくさんあります。ここが先の会話（雑談）と大きく違うところです。

このお**互いのすれ違いをなくすには、考え方の相違を回避せずに、時には、建前でなく本音を出し合いながら、自己主張し、批判し合うことも必要になります。**もちろん、相手を敬い、真摯に向き合う心の姿勢があってのことですが。

しかし、ここに大きな落とし穴があります。つい本音がポロリと出てしまったがために、人生の階段を大きく踏み外してしまう人がいかに多いことでしょう。

人間の心は複雑です。本音をむき出しにすることは、建前を取り除いた「我」を語ることでもあります。人がもつ「我」というものには自己中心的なものが多く潜み、それが凝り固まって心の奥底にあり、なかなか気づかないのです。ですから、本音と向き合い、相手や世間と擦り合わせて考察した上で、客観性のある本音で話し合うことが大切です。

そして、**いつの場合も理性を失わないことです。むき出しの本音ばかりでは、品性が疑われるばかりでなく、色々な場面での衝突が絶えなくなります。**

話し合いは、お互いに理解を深め、問題を解決していくための対話です。自分と立場の違う者同士が、考えや価値観の違う壁を乗り越えて、どう問題を解決していけばいいのかを常に考えていく必要があります。

❖話し合い、四つの心構え

話し合いは、次の四つのことに注意を払いながら解決に導いていきましょう。

① 敬意をもって相手の主張を分かろうとする

最初から疑いと否定の気持ちで臨めば、話し合いどころか、「言い合い」になってしまいます。相手に対するネガティブな先入観を捨てて、共によい解決策を導き出せると信じる誠実さが大切です。人は自分の話を真剣に聞いてくれる人には心を開きます。相手の主張を傾聴し、**相手の立場に立って**その思考・感情・意図を理解し共感してみてください。

② 謙虚に自分の考えを分かってもらう努力をする

相手への言葉遣いや態度などに気をつけて、相手が自分の話に耳を傾けてくれるような状況をつくることです。そして、自分の考えを説明するに当たっては、十分な知識と根拠となるものを分析して、**客観性があるかどうか**自己検討してから主張しましょう。

③ 対立点を尊重する

だれでも自分の考えが正しいと思っています。だから、反論があって当然なのです。その反論があるからこそ、より深く相手のことが理解できるし、自分の考えも他者の批判に晒して、客観性のあるものに再構築していけるのです。その上で対立点を分析し、**対立意**

見がどこから来ているのかを明らかにし、解決の手がかりを見つけていきましょう。

④　解決策を見つける

了解し合えるところと、し合えないところを明らかにして、お互いに協力し合って歩み寄り、結論を出していきます。この時、お互いが十分に相手に対して自分の考えを説明できたという充足感をもつことが必要です。その上で妥協し合い、結論に導いていけば、**押し付けられたのではないと納得できる**はずです。その自覚があってこそ解決策に向かって積極的に行動できるのです。

しかし、もっと深刻な問題がある時は、お互いの事情や過去の原因ばかりにこだわり、被害者意識が抜けなくて感情的になってしまう時があります。「私は悪くないのに」と自分の正当性だけを考えるのではなく、相手の立場から見るとどうなのか、どう思っているのかをおもんばかってみます。

そして、その相手との関係を自分はどうしたいのかを考察して、目を未来に向け直し、話し合いましょう。そこで、お互いにどうあることが得策なのかに焦点を絞り、そのために何をなすべきかと考えて、解決策を導き出しましょう。

一人勝ち、あるいはあまりにもバランスを欠いた結論では、いずれほころびが出ます。

❖異論に耳を傾けよう

話し合いはエゴイズムに染まった自己主張に終始しないようにすることです。お互いが前向きなプラスのエネルギーを出し合いながら解決策を導き出していくのが望ましく、またその解決策は実行可能であることが必須条件になります。

このような話し合いの中から、一人の人間では思いもつかないようなアイデアが生まれ、そしてすばらしい展開を見ることさえできます。

したがって、**異論に耳を傾け、色々な人の考えを理解し、そして自分の考えを柔軟に再構築していくことは大事なことです。**

私たちは、とかく自分は正しいと思って話し合いをしていますが、自分とは反対の意見や、自分にとって耳の痛い話にぶつかることも多いはずです。そんな時はきちんと耳を傾けてその話を聞くことです。

自分一人の経験や見聞きしたこと、また本を読んで得た知識は、ほんの一部にすぎず、まだまだ現実とかけ離れていることも多いものです。今ある物差しだけに頼らずに色々な人の考えを分かろうと、いつも謙虚な気持ちで向かい合いましょう。また、異論に触れた場合、それに耳を傾け、悩みながら思考すると、時には自分の観念の見直しを迫られることもあります。この変革こそが自分の考えをより広い視野に導き、また深くすることになります。これを繰り返しながら、時代の変化に対応し、自分の考えを創意に満ちた知恵で再構築し続けていくことが大切となります。

私ども話し方ＨＲ研究所の教室に通ってくる老若男女の受講者のみなさんも「教室で色々な人の話を聞けることは、自分の視野を広くしてくれるのでとても勉強になる」と言います。**プライドは、自分の自尊心を守るためだけでなく、自分の成長と変革する勇気を持ち続けていくこと**に、その機能を働かせてほしいと思います。

前述した遺伝子工学で世界をリードする村上和雄さんは、「人間の遺伝子領域は、その全遺伝子情報の二％を占めているにすぎず、あとの九八％はブラック・ボックスで、生き物が秘めている潜在能力といってもいい部分にあたり、可能性の宝庫なのだそうです。また、気になる頭脳の善し悪しは、遺伝子の暗号レベルではほとんど差がなく、それは遺伝子が眠っているか起きているかの違いだけなのだ」（前掲書）と言っています。

みなさんも自分の中にある豊かで異質な**潜在能力をスイッチ・オンにして，顕在能力の世界に目覚めさせることはいくらでも可能**なのです。その道筋は、この「異論に耳を傾ける」ことによってたくさんのチャンスとなって現れるはずです。

❖逆境の時こそ異論の中にチャンスあり

かなり引用され、みなさんの中にはすでに聞いている方も多いとは思いますが、アップル社の創設者であるスティーブ・ジョブズのスタンフォード大学での講演（２００５年）のことです。彼は自分の来し方を振返り、これまでの人生で経験した苦い挫折の点と点がつながって成功へと至り、自分の運命が切り開かれてきたと言っています。

学費が払えず六か月で大学を中退してしまったその時、校内で見た美しい手書きのポスターに魅せられて、文字芸術の授業に潜り込みました。十年後、アップル社から発売されたマッキントッシュの設計にそれを採り入れ、最新の字体を作り出すことにつながりました。それは大学を中退していたからこそ出会ったものだったのです。

そして、大学を中退してから友達と二人で始めたアップル社が、大成功を収めた矢先にクビになってしまいました。自分が優秀な人材として採用した人とビジョンが分かれ追い出されたのです。三十歳にして失職という衝撃を受けましたが、この仕事がたまらなく好きだったので、新たな技術革新を目指して二つの会社を起こしました。このことについても、アップル社をクビになったからこそ人生で最も創造性豊かな時期へと解き放たれたのだと振り返っています。どちらの会社も大成功し、その一つの技術をアップル社が買収することになり、ジョブズはアップル社に戻ることになりました。

逆境の中にあっても前向きになり、逆境にあったからこそ異論に耳を傾けた。そしてスイッチ・オンし、潜在意識の中の新たな鉱脈を掘り続け、それがすばらしいアイデアとなって顕在意識の上に躍り出ました。その連続がジョブズの技術開発だったのでしょう。

その他にも、複雑に利害が絡む社会の中にあっては、様々な異論が飛び交います。

テレビの政治討論会などを見ていると、論客の中に自分の優越性を信じ込み、かたくなに自分の意見を押し通す人がいます。持論に固執して、他の人の言い分に全く耳を傾けようともせずに、嘲笑しながら、相手を煙に巻いたり、ディベート気取りの勝者のように言葉で打ち負かしたりしている独善的な人を見かけます。

人には、自己中心的なところがありますので、その言動は、ともすると独り善がりになりがちです。自分の意見・考えというものは、他の人の意見・考えと照合して始めて価値をもつものです。したがって、それをしない形で発せられる意見・考えは、客観性のないものである場合が多く、言葉自体が信頼のおけないものになってしまいます。

私たちは常に、自分の意見・考えを披露する場合、その根底に多くの人との関係の中で言動を行っていこうという、バランスのある姿勢を欠いてはなりません。

❖良質な異論を選択し、人生の肥やしとしよう

このように今の世の中はたくさんの情報が溢れています。近隣諸国のことを盾に煽られて、やたらと血の気が多くなっている人たちもいます。

劇作をはじめ多くの作品を世に出し、多才を誇った井上ひさしさんは、「一流の武芸家たちが最後に到達する境地は、強い・弱い、勝つ・負ける、という次元から離れて、さらにもう一つ上の次元である、戦う・戦わない、へと到達し、一心に戦わずにすむ方策を練る。それが一流の武芸家たちの修業だった」と言っています。

反アパルトヘイト指導者のネルソン・マンデラ氏は、南アフリカを人種対立の流血から救ったことで有名ですが、**「肌の色や育ち、信仰の違いを理由に他人を憎むよう生まれた人などいない。人は憎むことを学ぶのだ。もし憎むことを学べるのなら、愛することも学べる。愛は憎しみより自然に人間の心に届くはずだ」**と民族和解・協調を呼びかけました。

異論は様々にあります。立場や環境が違えばそこに異論が立ちはだかります。相手の立場に立って共感し、考えて、自らの思想を構築していくことは大切なことです。

世の中にはこのように魂を揺り動かす良質な考えもあれば、憎悪に基づくヘイトスピーチ（嫌悪発言）のような故意に有害なものも溢れています。**異論をどう選択していくかは**

自分の人生を大きく左右することになるのです。

多くの情報の中から物事の善し悪しを判断するには柔軟な姿勢を保つことです。宮本武蔵は武芸の極意について、次のように説いています。「常に視野を広くとって出来事の真実を見究め、緊張することなく、また少しもだらけず、心が片寄らぬように真ん中において、しかもその心を静かにゆるがせ、そのゆるぎが一瞬もとまらぬよう、いつも流動自在に心を保つこと」（『五輪書』水の巻）と。

この精神のように**視野を広くとって真実を見極め、あなたの人生を正しく導く羅針盤となるものを見つけましょう**。そして、地球上の全人類にとっての幸せとはどうあったらいいのかを考えていける人になっていきたいものです。

話し方のワンポイント

【実りある対話をするためには】

① まず、人はそれぞれに違う考えをもっていることを是認する
② 協同で生きる場面においては、必ず話し合いをもつ
③ 共通点と対立点をはっきりとさせた上で、妥協点を言葉で確認し合う
④ 人と人の絆から溢れ出る新しいエネルギーを信じる

第9章

コミュニケーションの心構えと人間関係

～よき言の葉はよきものを招く

人間関係は、人が生きていく上で最も大切にしなくてはならないことの一つです。社会生活＝人間関係といっても過言ではありません。私たちは話すことを通して分かり合い、よい人間関係をつくるための努力をしています。「声をかける」「言葉をかける」という言葉は積極的に人間関係をつくろうとしていることの表われで、状況によっては相手にとって非常にうれしいものです。人間関係がよいと周りの人の協力が得られ、充実した生活が送れます。反対に、人間関係の歯車が狂ってしまったために、様々な問題を抱え、ついにメンタル不全を引き起こしている例も耳にします。このように大切な人間関係をつくるには、**相手の身になって考えることのできる力、相手への想像力が重要になります。**

ところが最近は、若者から年配の人までかたくなに自己中心的になっているように思えることが多々あります。先日、銀行のATMで順番待ちをしていた時のことです。女性が振込の操作を何件か続けて行っていました。その時です。「いつまでやってんだよ！　みんな待っているんだぞ」と、男性の怒鳴り声がしました。女性は一瞥しただけで操作を続行し、間もなく何事もなかったかのようにその場を離れました。時々見かける光景ですが、双方ともに相手への想像力を働かせ、「忙しくて周りへの気配りができないのかな？」「私のためにみんなを待たせてしまっているんだ」などと気づいてほしいと思いました。対する人にほんの少し想像力を働かせることさえできれば、目の前の人と人間関係がつくりやすくなります。また「人は鏡」といいます。相手に対する気持ち・思い・考えなどは特別に意識せずとも、そのままブーメランのように自分に返ってきます。**相手を自分と同じように大切な存在だと意識しましょう。**

私たちはだれでも社会の中でのびのびと生きたいと願っています。しかし、考えや利害は、周りの人と必ずしも一致しませんから、自分が思うようにのびのびとやっていけるとは限りません。ところが、人から信頼され協力を得て自分の考えや生き方を実現している人もいます。このように、信頼され、協力を得られる人間関係をつくるには、

① **双方通行のコミュニケーションを意識して**
② **自他の心に配慮しながら**
③ **言葉のもつ役割を認識し**
④ **色メガネを外してみる**

ように心を配ることです。

❖会話のキャッチボールをする

　会話をすると、相手の性格や人柄、趣味や考え方、価値観などが分かり相手に親しみを覚え、人間関係がより深いものなっていきます。そして、人に話を聞いてもらった時、**人は自己表現の欲求が満たされて心が安定し、聞き手に親しみを感じるようになります。**

　このように大切な会話を意義あるものにするためには、「会話のキャッチボール」ができることが重要です。会話のキャッチボールとは、相手が話をしやすいようにうなずきや相づちを打ちながらしっかり聞き、相手が話したいことを引き出してあげることです。基本は相手の話を聞き自分の話は時々入れる。このようにすると、相手は自己表現の欲求が満たされ、あなたに親しみを持ち、心理的距離が縮まります。

　ところが、本人は会話をしているつもりでも、人の話は聞かない、相手の話を遮って話し出すなど、一方通行の人が多いように感じます。このように最近の日本人は人の話が聞けないと言われます。原因は、家庭や学校・職場でもすぐに答えを出すことが要求され、それが習慣になって、コミュニケーションの場でも聞くことより自分が話すことに意識が向いてしまっているからのようです。

　会話がキャッチボールになるための「ききかた」が三つあります。一つ目は**「聞く」**です。**人の話は最後まで口を挟まず聞くこと**です。自分が話したい欲求を抑えて相手の話を聞くと、自分が何を言ったらよいかが分かります。次に大事なことは、言葉で言い表わされていない**感情や気持ち（非言語）を汲みとること**です。この感情や気持ちは、表情や言い方、態度等によって表わされます。そのためには「耳」と「目」と「心」を集中させて**「聴く」**、これが二つ目です。三つ目は**「訊く」**です。分からないことをそのままにせず質問をすることです。これも大事なコミュニケーションです。ここまでできて、初めてよいキャッチボール（会話）ができたといえます。

会話で大事なことは、話が相手に伝わるということです。せっかく話をしても、こちらの意図するところが相手に伝わらなければ意味がありません。話し手として考えなければならないことは、まず**相手に声が届くこと**です。職場などで、「君の話は、何を言っているのか分からない」と言われたことがある人は、①滑舌が悪い　②声がとおらない　③話が冗長、などが原因になっている可能性があります。滑舌が悪く、声がとおらない人は、ボイストレーニングをし、内容を分かりやすくするためには、①聞き手に分かる言葉で話す　②結果を先に言う　③センテンスを短く話す、接続詞で話をつなげない、などの工夫をすることが大事です。何といっても、**話は聞き手に聞く苦労をかけないことが第一です**。

❖意識して、よりよい言葉を使う

曹洞宗の開祖道元禅師は「**愛語よく廻天の力あることを学すべきなり**」と言っています。「優しくいたわりのある言葉は、世の中をひっくり返すほどの大きな力がある」、だから、社会をよくするには、優しい言葉、人をいたわる言葉、勇気が出る言葉、心があたたかくなる言葉を使うことだと言っているのです。私たちは言葉を使って他者とコミュニケーションを図っています。学校や職場などの人間関係は、その人の話し方によって大きく変化をします。自分は普段どんな言葉を多く使っているでしょうか。言葉を聞いた人がほっとするような言葉を使っているでしょうか。「愛語」は、人を愛する気持ち、大事にする心などが前提で初めて優しくいたわりのある言葉が出るのです。心が伴わないで、言葉だけをどんなに優しくしても、人と人をつなぐことはできません。ましてや、人を動かす力にはなりません。

今、学校や職場は〝ボツ人間性〟や〝ボツ個性〟といわれ、横並びを求められたり、数字優先で価値判断されたりなど、心は乾ききっています。あたたかい言葉が心のオアシスとなり、みんな元気になってほしいものです

また、「**よき言の葉はよきものを招き、悪き言の葉は災いを招く**」ともいわれています。

陰口や悪口、言い訳などは、言った本人は一瞬すっきりするかもしれませんが、必ず相手に伝わり、関係がギクシャクすることは目に見えています。人間関係にはもってのほかで、これ以上マイナスのことはありません。いない人をほめたり、厳しい状況を乗り越えた話などは、心に響き、人間としてのあたたかさを感じさせてくれます。また「ありがとうございます」「恐れいります」「お陰さまで」などの言葉が自然に出てくると、第三者が聞いても心地よく響きます。このような言葉が自然に口をついて出る人は、生き方も丁寧に違いないと信頼されます。

そこでみなさんには、マナーとしても身につけてほしい言葉があります。**自分自身を「わたくし・わたし」ということと、もう一つは「です・ます」調で話すこと**です。特に、「わたくし・わたし」は、社会人になって、できるだけ早い時期に身につけてほしいものですが、いまだに「僕・自分」を使っている人もいます。この二つの表現が身につくと、自然に前後の言葉も丁寧になり、自ずと行動も大人らしくなります。これらを使いこなせるようになることが、社会人として、大人として認められる第一歩です。前述したように、相手や状況、場に応じた適切な敬語や敬意的表現ができることは、社会人生活の必須条件と考えてほしいものです。

❖自分も相手も似たもの同士と心得る

人は親子兄弟といえども、掃除の仕方から、ごみ処理の仕方、洋服の好みや食べ物の好みも違います。違って当たり前のことが、必要以上に気になるとトラブルのもとになります。例えば、食べ物でもお寿司や納豆が大好きという人もいるし、見るのも嫌だという人もいます。蜂の子やイナゴを食べる人もいます。あんなものを食べる人の気が知れないと思う人もいるでしょう。オリンピックの招致が決まって喜ぶ人もいれば、税金の無駄遣いという人もいます。これら価値観の違いをとんでもないと決めつけては相手を理解することはできません。この違いも視点を変えてみれば自分にも同じようなことがあると気づきます。相手の好みや価値観を否定するのでなく受け入れてみると、意外と共通点や似たところがあるものです。人間同士だれも自分がいちばんと思っていることに気づくと肩の力が抜けて関係がつくりやすくなります。

❖色メガネを外すと世界が広がる

私たちは「あの人は冷たい」「○○さんは優しい」などと思い込んでしまうことがあります。このように、人や物事の一部を知っただけで、こうにちがいないと全体を断定してしまいがちです。「私は先生という仕事には向いていない」などと、実際に体験もしていないのに、仕事の機会を狭めてしまうこともあります。これらは先入観という「色メガネ」で、見聞きすることや受け取り方に影響を与え、判断を誤らせることがしばしばあります。

新しく赴任してくる課長は「○大卒でバリバリ。仕事に厳しい人だ」と聞いていた小林さん。「これからは課長には仕事の相談などできないなあ」と課長を避けていました。上半期が過ぎた頃、小林さんは課長に声をかけられました。「小林さん、一人でよく頑張っているね。何かあったらいつでも相談にのるよ」、この一声で、小林さんの課長に対しての意識がガラッと変わり、仕事にも積極的に関わるようになり、実績もアップしました。先入観をなくすというのは難しいことですが、意識することでその影響を減らすことができます。

話し方のワンポイント

【よい人間関係をつくるには】

① 人との間に壁をつくらない
② 相手のよいところを探す
③ 自分の弱みを見せる　ことです。

第10章

コミュニケーションの心理

～人に寄り添う心こそ

人が社会生活を営むために情報や意志を伝え合い、心を通い合わせることが必須の条件です。そのために話し方は磨くべきスキルとなります。ところが、私たちは長い間「沈黙は金」「以心伝心」とばかりに話すことを軽視してきました。そのために話が一方的になり、相手が分かるように伝える工夫や、聞き手を考えて話すという意識は低かったと思われます。その結果、話し手が思っているほど話は相手に伝わっていないというのが実情で、コミュニケーションに齟齬《そご》が生じることもしばしばです。話し方は他者と分かり合うために最も大切なスキルですから、その能力を磨くことにもっともっと力を注ぐ必要があります。

最近、若者のコミュニケーション能力の低さが問題になっています。SNS（ソーシャルネット ワーキング サービス）などでは、面識のない人とも積極的、かつ活発にやりとりするのに、人との直接的な交流は避け、自分の世界に閉じこもる傾向があります。これらの交流は直接相手が見えないためか、過激になったり感情的になったりなど、他者に対して配慮に欠ける傾向になりがちです。

小・中学校でもコミュニケーション能力が低いと問題行動などにつながりかねないとして、「伝え合う力を高める」ための教育が行われています。コミュニケーションの基本は、相手の話がしっかり聞け、相手に伝わる話ができることです。

では、コミュニケーション能力が上がると、どんなメリットが発生するのでしょうか。それは、「**自分に自信がもて、何事にも積極的になる**」ということです。色々な場面で、自ら一歩外に踏み出す、挑戦する勇気が湧いてきます。

話し方を学ぶことは、人間の心との触れ合いを学ぶことです。謙虚に学び続けるうちに、人間の心を少しずつ理解ができ、人情の機微にも通じるようになります。

そこで、コミュニケーションの心理については、次のような認識をもつ必要があります。

① **人間は自己中心的なところがあり、とかく人の心より自分の心が優先され**

② **近年、その傾向が顕著になり、コミュニケーションに障害が出ていますが**

③ **自分を認めることとは、同時に他者をも認めることだと気づくと**

④ **他者に対して、想像力を働かせることができるようになる**　という認識です。

コミュニケーションというと、自分が話そう話そうとするほうに関心がいきがちですが、むしろ、話す前に聞くという気持ちで臨むと気が楽になります。聞くことは、相手の心を開かせることにもなり、気持ちの段差を消してくれます。

❖人にはだれでも、自己中心的な傾向がある

「あなたの話はよくわからないわね！」「同じことを何度言われたら分かるの！」こんなことを大勢の前で言われたら、「なぜ、人の前で」と腹が立って反省よりも先に反発したくなります。同時に心の中で「人のことを言うより、自分の話し方を反省したほうがいいわよ。言い訳ばかりして聞きづらいったらないわ」などと怒りのつぶやきをします。

ここで、冷静に考えなければならない大事なことがあります。それは、

・なぜ相手はこのような言い方をしたのだろうか
・本当に私を嫌いで、やっつけようとして言ったのだろうか
・自分自身がイライラしていただけなのではないか
・言った当人が自分の指導力のなさを威丈高な声で隠そうとしたのではないか

など、状況を分析してみることです。すると、それらの心配をカバーするために、攻撃するという形で自分を守ろうとして、言葉を発したことに気づくことがあります。

その評価や批判が自分にとって、納得がいかない、欲しくない評価であったら、それは拒否をしても構わないのです。他者の言動に左右される必要はありません。自分も相手も同様に、自分がいちばん大事なのです。人間はだれでも、自己中心的で自分がいちばんか

わいいという心の傾向（考え方や行動のクセのようなもの）があります。この自分がいちばんかわいいという傾向が強いため「自分を守る」ために攻撃的な態度に出たとも考えられます。

私たちは他者の言動には厳しい態度で望みますが、自分の自己中心性や自分の心を優先する傾向があることは忘れがちです。

例えば、電車の中の若者のマナーを批判し、厳しい目を向けます。席を譲らない、長い足を人の迷惑を考えずに伸ばしている、優先席で携帯などを使っているなどと指摘します。ところが、若者を批判している熟年層の人たちも、趣味の写真撮影会などの行動を見ていると、決して模範的ではありません。被写体の近くに行くために立入禁止の場に入って行ったり、花の蕾を強引に開いたりなど、好き勝手をしている光景を目撃します。

このように人は、自己中心的で自分のことを第一に考え行動をする傾向があります。このような場に出会うと、相手を批判するような言葉が脳裏に浮かびますが、そのような時は一呼吸おくことです。感情の高ぶりに染められた言葉は、言葉の中身よりもその感情のほうが相手に伝わり、コミュニケーションを阻害する結果になります。

❖自他を大切にする

人はだれでも自分がいちばん大事だと思っています。その証拠に集合写真を見る時など、だれでも自分を真っ先に探します。これは普通のことで恥ずかしいことでも自分勝手でもありません。いたって人間らしい姿といってもいいでしょう。このように自分が最も大事なわけですから、自分の話をしっかり聞いてくれる人や、自分の立場などを認めて守ってくれる人には好感をもち安心して心を開きます。しかし、自分が否定されたり無視されたりすると不安になり心を閉ざしてしまいます。

人は一人では生きられません。人を支え、人に支えられながら生きるのが人間です。コミュニケーションで重要なことは、共に相手を認めるという姿勢です。

人が相手を認めるためには、まず自分の存在を肯定できなければなりません。「自分は大切な存在だ」「自分は好かれている」「自分は優秀だ」「自信がある」など、自分の存在を認めることができて、初めて相手の存在を肯定できるのです。「WIN・WIN」、「OK・OK」という言葉を聞いたことはあるかと思いますが、これは、「あなたも大事・私も大事」と、どちらの存在をも認め合うということです。

例えば、話し合いの席で自分が発言をしている時に、参加者の中に腕を組んで目をつぶっている人を見つけると、反発をされているのではないかと、その人のことばかりが気になります。その人は腕を組むのが単なるクセであるにすぎないのかもしれません。

　このように考えてみると、自分が聞き手になった時はどのような聞き手であったら、相手は気持ちよく話せるだろうかと考えることが相手を大事にすることといえるでしょう。

　私ども話し方HR研究所の教室のスピーチの一つを紹介します。弘子さんは、運転免許をとったばかりです。側道から本線に入るにはかなりの勇気が入ります。そんなある日、弘子さんはいつものように、側道から出るのを躊躇していました。すると大型のトラックがスピードを落とし、「入れ！」と合図を出してくれたのです。弘子さんはそれまで、トラックの運転手は「乱暴者、怖い人」と決めつけていました。ところが、仕事で大変なのにもかかわらず、一台分空けてくれたのです。「道路はみんなのものです。お互い様、気持よく走りましょう」と言ってもらったようでうれしかった、と話してくれました。

　これは運転手さんに、自分も他人も大切にする心があったからできたことで、人との関係で最も重要です。

❖人に寄り添うと気持ちが理解できる

人の気持ちを深く理解し、よい関係を築くには、見えない相手の心や頭の中を想像し寄り添うことです。しかし、「寄り添う」ことはそんなに簡単なことではありません。相手の言動を受容・共感して、あたかも自分も同じ体験をしたかのように感ずることが寄り添うことです。人は、どうしても目の前で表現されるもので判断をしがちです。しかし、より深く理解し合うためには、**言葉では表現されないものや、目に見えないもの、相手も意識していないものなどにも心を寄せることが大切です。**

目の前にいる相手は、

・今どんな気持ちでいるのだろうか
・今までどんな体験をしてきたのだろうか
・何をいちばん大事にしているのだろうか
・どんな言葉が心に届くのだろうか

など、相手の頭の中や心の中を想像しながら話すように心がけることです。これは、媚びるなどというレベルの低い話ではありません。相手を大切に思う気持ちの表われであり、相手に敬意を表わすことでもあるのです。

京子さんは六〇歳です。最近、九〇歳になる母親を見送りました。心にポッカリと穴が開いたようで、何も手につきません。そんな、京子さんに向かって、

A子さん：「長生きしたのね。歳に不足はないわね。それにしても、寝込まなかったのだから、子思いのお母さんね」

B子さん：「寂しくなってしまったわね。また、お母さんの話を聞かせてね。」

どちらが正しいか、間違っているかということではありません。私たちは、長い経験の中で、表面的できれいな言葉を並べるクセができています。本心からでなくても社交辞令的な言葉をさも分かったかのように言ってしまいます。人の気持ちに寄り添うとは、京子さんの立場になって、今どんな気持ちでいるのだろうか、どうしたら安らげるだろうかなど想像することです。何をしたらよいか、どんな言葉が京子さんの胸に届くのだろうか。こう考えることが、コミュニケーションを豊かにし、誠実な人間関係へとつながっていきます。

キーワードは、「**寄り添う**」です。

❖「言うは易く、行うは難し」にならぬように

話すことで人に影響を与えることを「話力」といいます。この話力で大事なことは、言行を一致させることです。私たちは、ともすると、口先で人を操ったり、合理化したりしてしまいます。これでは、「言っていることは立派だが中身がない」「言うこととすることが違う」と信用されなくなってしまいます。

言行を一致させるには、理屈を言わずに「凡事」を続けて行うことです。「凡事」とは当たり前のことです。その当たり前のことをしっかり行うのが「凡事徹底」です。仕事も掃除も食事づくりもすべて「凡事」です。人は、「凡事」を軽く考える傾向があります。しかし、日々の生活そのものが「凡事」であり、その積み重ねが日常なのです。自分の身の周りの整理・整頓をする、あいさつは自分から先にする、感謝を忘れない、人の悪口は言わない、食事はひと粒のコメも残さない、等々。この「凡事」を徹底して実践することが言行を一致させることにつながります。「凡事徹底」をするには、自分の姿をよく見る必要があります。「脚下照顧」という言葉があります。「自分の足下をよく見なさい」ということです。自分の足下にしっかりと目を向けながら、一歩一歩着実に小さいことを実行していくのです。

私たちは、自分のことは自分がいちばん知っている、と思っています。そのため、人からの忠告などは素直に受けにくいというのが現実です。そのくせ、人のことは見えなくてもいいことまで見えてしまいます。結果、言わなくていいことを言ってしまい、人間関係を損ねるということもあります。

鏡を使って自分を見ても、その姿は反対から見た形です。絶対と言ってよいほど、自分のことは見えていないのです。だからこそ、「しっかり自分を見つめること、自己検討すること」が大事なのです。これが、言行一致に近づくことです。心が乱れていると、「凡事」が疎かになります。せめて、玄関の靴を揃えるなど、徹底してみてはいかがですか。

話し方のワンポイント

【認め合うために留意すること】

① 人から学ぶ意識をもつ
② 自分の考えをしっかりもつ
③ 頑固にならず柔軟性をもって臨む

「私と話し方」
～受講者体験～

「分からせよう」より「分かろう」とする

私は、話し合いをする時、「分からせよう、分かってもらおう」という思いばかりで、相手のことを「分かろうとする」ことがなかったのです。話し合いの心がまえを学んでから、相手の話を「分かろうとする」ことを心がけるようにしたら、逆に自分のことを分かってもらえるということに気づきました。その気づきのお陰で周囲の人との関係が穏やかになりました。

（光子さん）

聞くようになったら変わった、職場の雰囲気

会社のパーティでスピーチをすることになりましたが、頭が真っ白になり何も話すことができませんでした。何はともあれ人前で話せるようになりたいと話し方教室にやって来ました。コースの途中からの受講で、聞き方の学習をしているところでした。そこで気づいたのは、自分がいかに人の話を聞いていなかったかということでした。それからは、部下や後輩の話をよく聞くようになりました。その結果、相談を持ちかけられるなど職場の雰囲気が変わってきました。教室での毎回のスピーチ実習の成果もあって、人前で話すことにも自信がついたばかりでなく、職場の人間関係が明らかに変わってきたことを実感しています。

（道子さん）

嫌な思いをさせていたのは私のほう

深い理由があって話し方教室に参加したわけではありません。友達との関係で、たまにいじわるをされているのかなと感じることはあった程度でした。ところが、話し方教室に通いだして気づいたのは、私がいじわるをされていると思っていたのが、実際は、自分の言い方や態度が悪く、逆にみんなに嫌な思いをさせていたのだということでした。そこからの私は、話し方教室の他に心理系の講座などの勉強もして、「私のような勘違いな人」に気づいてほしいとの思いから、今ではコミュニケーション講座の講師をするようになっております。（真希さん）

優しさを学んでいます

人前で上手に話せればと思い、話し方を学び始めました。学び続けて気づいたことは、人前で上手に話せること以上に大事なことが話し方にはあるということです。肯定的に言うことや人のよいところを認めるなどを学び、意識して話をするようになりました。どう言ったら相手に気持ちよく伝わるのだろう、と意識して話をしていると、ものの見方や考え方までが肯定的になるようで、話し方を学び続けると自然に優しくなれることを実感しています。（弘子さん）

面接試験に60回も失敗しましたが、今では…

私は、入社試験を60回も失敗しました。たまりかねて、「面接に受かる話し方を教えて下さい」と、話し方教室の門を叩きました。教室の講師の方々に面接官になったつもりで話を聞いていただくと、声に覇気がなく質問にも答えられない有様です。しかし、就職したい一心で、いちばん前に席をとり、しっかり学び続けました。また、「スピーチコンテスト」に出るなど、積極的になりました。今では、お陰様で倉庫会社に就職でき、毎日の業務を頑張っています。

（義夫さん）

学んだ、年下の上司との接し方

話し方を学んで相手をおかしいと批判するより、自分が変わることが大事だということに気づきました。会社の上司は自分より年下です。「お先に失礼します」と声をかけても返事はなし、指示はすべてメール、無視されているようで楽しく仕事ができない。何とかしなくてはと思い、「メール、返事しましたよ」など、積極的に声をかけるようにしました。すると、上司は「はい、分かりました」とにっこりしてくれるようになりました。それからは「メール送ったから対応してくれますか」など、上司が変わってきてくれ、仕事もしやすくなりました。

（若林さん）

マイナスの働きかけばかりしていた私

夫が私の話を全く聞いてくれないと思っています。なぜか夫は息子の話はニコニコしてよく聞いているのです。そのため、夫に話を聞いてもらうための話し方のテクニック、スキルを学ぼうと思って受講しました。話し方教室では、人を認める働きかけが大事といいます。私はどうかと考えると、夫にマイナスの働きかけばかりをしていたことに気づきました。夫が帰宅するなり、愚痴や不満を言い続けていたのです。そうか、話し方で言う相手に心地よい言葉を発していなかったのだ、自分が変わらなくては何も変わらない、と思いました。それからは、意識して笑顔と、夫が心地よいと思ってくれるだろう言葉を心がけるようにしました。「言葉は人なり」といいます。すると夫からは、今までとは打って変わったようにあたたかい言葉が返ってくるようになり、家の空気も穏やかになり幸せを感じています。

（友子さん）

緊張から意識を失いそうになったこと、何度も

地方出身で農家に嫁ぎ、人の前で話すなど考えられませんでした。話し方を学びはじめた頃は、緊張から意識を失いそうなことが何度もありました。しかし現在は、素直な心で話すことができるようになり、話すことの楽しさを実感できるようにもなりました。また、話すことは自分の頭と心を磨いてくれていると実感しています。

（シゲ子さん）

人の心に染みる話がしたい

私は寺の長男で現在修行中の身です。修行をしていて何がいちばん問題かというと、檀家さんにお説教をしなければならないことです。準備をしっかりしたはずなのに、頭が真っ白になって言葉が出てきません。そこで私は、まず人の話はよく聞き、角を立てないように意識して会話をするようにしています。次に人の心を打つ話ができるように、失敗を重ねながら仏教の教えを分かりやすく人の心に届くように精進していきたいと思います。

（小山さん）

花の水を切らさないように話しかける

「小林、お前とは仕事をしたくない！」、これは元上司の斉藤さんが私に発したことばです。斉藤さんは、定年後嘱託として私の下で働くことになったのです。私が斉藤さんのプライドを傷つけてしまったのでしょうか。そこで、「私のどこが悪いのでしょうか？」と聞いてみましたが「オマエとは話すことはない」ととりつく島もありません。時間をかけるしかないと覚悟し、花の水を切らさないように話しかけるようにしてきました。ある時、「おい、小林、悪いことをしたな」と手を握ってくれました。もう大丈夫と思いましたが、人間関係は日々の言動でイメージ変化をすると話し方で学びましたので、このことを肝に銘じ、これからも人間関係を深めていけるよう、言動に留意したいと思っています。

（小林さん）

応用編 I

受け入れられる話し方

第1章 聞くことの大切さ・聞くための努力
～話はそこから始まる

第2章 簡潔にして、明瞭なスピーチとは
～聞き手は待ってはくれない

第3章 論理的な話ができるようになるには
～筋道だった話は、だれもが納得！

第4章 相手や状況に合わせる話し方
～臨機応変のキャッチボール

第5章 あなたにもできる大人の話し方
～さりげなさのウラにある重み

第1章

聞くことの大切さ・聞くための努力

～話はそこから始まる

私たちの話し方HR研究所の地域教室にお見えの受講者方に、どのような目的で入会しましたか？　と聞くと、ほとんどの人から、うまく話せるようになるため、緊張しないで話ができるようになるためという答えが返ってきます。このことから分かるように、ほとんどの人が、話す上での課題解決を目的として教室に通おうという意識です。反対に、**聞くことを課題に挙げて入会する人はほぼ皆無です。しかし、話は聞くことから始まるといってもいいくらいなのです。**

実は最近ますます、聞くことの重要さが認識されてきていますし、お年寄りへの傾聴ボランティアのニーズなども非常に大きくなっています。実際、自分の周りの友達や家族の話をしっかりと聞いてあげると、大変喜ばれます。

ドイツに、「**多くの説教者は、自分では説教を聞かない**」ということわざがあります。色々な説教をする人に限って、人の言うことなどに耳を貸さないということで、「占い者の身の上知らず」とも訳されています。こうならないよう、普段から聞くことに注力するように心がけておく必要があります。

聞くことは話すことと表裏一体で、意志伝達の基本となっています。それでは、聞くことにどのような意義があるかを考えてみましょう。話をしっかりと聞けば、話し手の考えや立場が理解できる、話し手の気持ちや人柄を知ることができる、話し手に対してどのような返答をすべきかが分かる、などのよい点がたくさんあります。

聞き手がしっかりと聞くことによって、話し手には、聞き手に対する親近感、話す意欲、気持ちの安定、考えがよりまとまってくるなどのメリットが生まれてきます。

よい聞き手となるには、どのようにすればよいのでしょうか。それには、

① **聞くことの障害となる外的条件（騒音、寒暖など）、内的条件（過労、忙しさ、身体的不調など）を克服し**

② **聞きたくない内容、聞きたくない相手の時でも、きっとその話が自分にとって大切なものに違いない、自分の成長のためになる、聞くことは頭の体操にもなるといったことを信じて**

③ **話し手にあたたかい視線を向けて、表情やうなずきなど傾聴の姿勢を示すように聞く**

ことです。

❖正しく聞き取る

「正しく聞き取る」というのは、人の話を話し手が表現したとおりに間違いなく受け取ることです。話し手の意図するところを正しく聞くことができなくて、対応を間違ったという苦い経験はありませんか。その原因は何だったのかを反省して、しっかりと意識して聞くことが大切です。

正しく聞き取ることは、相手への理解はもちろん、相互理解の基本となります。しかし、私たちは、しっかり聞こうとしている時でさえも、聞き落したり、聞き違えたりすることがしばしばあります。

正しく聞き取れない原因がいくつかあります。

① **概略**さえつかめればよいという安易な気持ちがありませんか？　こういう気持ちでいると、話に集中しなくなり、聞き落とし、聞き違いが多くなります。人の話を聞いている時、ふと他のことを考え集中して聞いていない状況、みなさんにとってよくあることではないでしょうか？

② **先入観**が原因になることがあります。話し手や物事に対する思い込み（自分の判断がいつも正しいとの思い込み）、終わりまできちっと聞かずに起こる早飲み込みなどがあります。どうせあの人の言うことはいつも決まりきっているからと思い、真剣に聞こう

としていないこともあります。

③　**心の乱れ**が影響することもあります。人の話を聞きながら、怒り、悲しみ、落胆等の気持ちがわき上がり、きちっと聞けなくなったり、内容を捻じ曲げて聞いてしまったりすることもよくあります。最初はしっかりと聞いているのですが、その人の話が、自分の意見と違うということで、話し手に対して、反発の気持ちがこみ上げてきたりすることがよくあるのです。

先日、友人の家に行くことになり、家の場所を教えてもらっている時、別のことに気を取られて、地下鉄の出口をB－3とせっかく教えてもらったのに、B－2に出て、全く違う方向に歩くハメになり、15分も遅刻してしまいました。

①～③のような正しく聞き取れない原因を常に意識しながら、正しく聞き取る努力をしたいものです。そのことにより、**正しく聞き取る習慣がつき、その積み重ねが話し手からの信用性の増大につながっていきます。そうして、いつの間にか人間として信頼される存在ともなります。**

❖真意を聞き取る

真意とは、話し手が聞き手にぜひ分かってほしいと思っている本当の気持ち・考えのことをいいます。しかしながら隠された本心という意味で、相手に知られたくない真意というものもあり得ます。例えば、旅行に行きたくないという人の話を言葉どおりに受けとっていいかというと、そうでもない場合があります。実は、ぜひ行こうと誘ってもらいたいために、裏返しの表現をしている場合があるのです。

真意を聞き取ろうとする時、まず基本になるのは、話し手がぜひ分かってほしいと思っている本心を、できる限り正確に聞き取ることです。

ほとんどの人は、通常、人のことを理解したいと願うよりも、自分の言うことをぜひ理解してほしいと願い、理解されていない場合、そのことを嘆いたりします。「**人の己を知らざるを患《うれ》えず、人を知らざるを患うなり**」(『論語』学而第一)という言葉があります。人に理解されることを望む前に、まず人を理解しよう、という意味です。このことは、結構難しいことです。

若手を育てる落語会を手弁当で三十年間にわたって続けた稲葉守治さんという人がいました。表舞台に立てず生活もままならない落語家に、客の入りなど心配させず芸に集中する環境をつくり続けた人です。そこから落語協会会長の柳亭市馬さんなどそうそうたる落語家が巣立ちました。しかし、その稲葉さんは、一度も楽屋に顔を見せたことがありません。どうしてかと尋ねると、いつも「ボクが行けば出演者たちが硬くなるから」と答えます。しかし、落語家たちはみんな知っていました。「稲葉さんは、スポンサー顔したくなかったから」ということを。こういう真意は詮索せず、甘受すればいいのです。

真意をしっかりと聞き取ることができるようになるには、

①　話し手にあたたかい関心をもつ
②　先入観を捨てて、ありのままに聞こうとする
③　初めから終わりまで集中して聞こうとする
④　言葉、語調にも注意して聞く
⑤　何を言おうとしたのか、その核心部分をつかもうとする

ことが重要です。

この力がついてくると、人とのコミュニケーション力、つまり意志疎通できる力が大きくアップしていき、みなさんの社会人としての貢献力が一段と上がります。

❖場面に応じた聞き方

色々な場面、場合に応じて聞き方を工夫していくことは、非常に重要なことです。話し合いの場面では、聞き手としての目的は、よりよい結論がでるように考えながら聞くことです。また、会話の場面では、聞き手は相手を楽しませるように聞いていくことが重要となります。これらについては、基礎編で詳述しましたので、ここでは**悩みごとなどを相手から相談された時に、どういう聞き方をすればいいのか**について考えてみます。それについては、次のような配慮が必要です。

- **基準を話し手の立場に近づけて聞くようにする**
- **話を途中で遮らない**
- **有声の相づちを打ちながら聞く**
- **話し手の感覚表現をタイミングよく繰り返す**
- **勝手な解釈で説教をしない**

などですが、例えば「相づち」でも会話の場合とは異なります。会話の場合は、会話を弾ませる打ち方になりますが、相談の場合は、「あなたの言うことよく分かりますよ」という意志表示を示すような打ち方となります。そして、最終目標は、話し手が自力で解決できるように聞くことにありますから、その力を削ぐような対応は慎まなければなりません。寄り添うことです。「…したほうがいい」といった上から目線でものを言ったり、説教調やお説ごもっともの正論などを述べたりするのは避けましょう。

例えば、細かいことにうるさい義父のことで30歳代の女性から相談を受けたとしましょう。もう新居を構えてご主人と生活しているのですが、その引っ越しの時に、何度も断ったのにやって来て、何も手伝うことはしないで、「靴が少し臭ったので消臭スプレーをかけておいた」「便座カバーを付けないのは洗うのがイヤだからか」と細かいことを言います。義父宅を訪ねた時も細かいことを言い出します。義父にはドンと構えていてほしいと思うたびに、イライラしてくる、どうすれば？　という相談です。

聞き手は当然、相づちを打ちながら、相談者の気持ちに寄り添う必要があります。「イライラする気持ちは分かりますよ」と、感覚表現を繰り返すことも大切です。そして、折り合い先を当人が見つけ出すために、相談者から父親に何か頼みごとをしたらどうかともちかけてみる。義父に孤立感あるのではと、話を聞いているうちに感じ取ったためです。もし相談者がその意を汲んで誠実な対応ができれば、義父の細かさも消えていくのではと踏んだわけです。あくまでも自力解決の意志を誕生させることです。

❖報告、説明、説得、忠告（アドバイス）の受け方

話し合いにおける報告、説明、説得、忠告の各々の場合、聞き手は、その受け方に関して、その方法を習熟しておかなければなりません。

① 報告を受ける場合

報告の受け方が悪いと、不正確な受け取り方になったり、その後の報告が届かなくなったりすることがあります。受け方の大事なポイントは、相手や事柄に先入観をもって聞かない、事実と意見を区別して聞く、必要に応じ質問する、理解を示しねぎらいの言葉をかける、などです。

② 説明を受ける場合

説明を受ける場合の留意点は、早合点せず最後まで聞く、全体と部分の関連を正確につかむ、相手の言おうとする真意をつかむ、必要に応じて質問するなどです。こうした留意点を考え、自分にとって必要な説明を得ることが重要になります。

③ 説得を受ける場合

説得を受け入れるのか、受け入れないのか？　人によっては、判断が遅く、優柔不断な人がいます。場合によっては説得を断らなければいけないこともあります。その時は、

ノーであることをはっきりとさせて、応じられない理由を明確に伝えたり、可能なら代替案を示したり、必要に応じ時間をもらったりすることが大事です。

④ 忠告（アドバイス）を受ける場合

忠告してくれる人は、色々と考えた挙句、相手のためになると判断して忠告しているのです。そこで、忠告を受ける場合、素直な気持ちでそれを受け止め、内容を反発しないで平静に聞き、誤解があれば誤解を解く努力をしながら、忠告を受け入れ、感謝の気持ちを表すことなどが、重要なポイントとなります。

このように、聞き手がしっかりとした対応をすれば、話し手の聞き手に対する親密度も上がり、話し合いがよい方向に向いていくことになります。

話し方のワンポイント

【よい聞き手になるための努力ポイント】

① 相手が何を言いたいのか、正しく聞く、真意を聞く努力
② 場面によって、その聞き方を工夫する努力
③ 悩みごとの相談の場合は、本人が自ら気づくように聞く努力

第2章

簡潔にして、明瞭なスピーチとは

～聞き手は待ってはくれない

みなさんは、これまでにすばらしいと思えるスピーチを聞いたことがありますか？　思い出に残るすばらしいスピーチとはどのようなものでしょうか？　それは、話し手の言いたいことが、ズバッと話され、聞き手がすぐに理解できるスピーチ、またはテーマを生かす適切な事例が使われているスピーチだったにちがいありません。それらの話には一貫性があり、分かりやすく、非常に興味深い内容で、主題に深いテーマ性を感じることができるなど、非常に多くのよい点があります。

先日亡くなった、作家の渡辺淳一さんの講演会のことです。講演が始まって最初の一分はなぜか沈黙が続きました。客席がそれを受けて、ざわついてきた時、ようやく彼はぼそぼそと話を始めました。売れっ子作家ですので、ポンポンと話が飛び出すかと思いきや、客席は、この作家うまく話せるのかという心配の様子です。しかしながら、その後の講演内容はすばらしいものでした。そのいちばんの理由は、なぜ医師を志しながら、作家に転向したのかということが非常に明瞭に説明されていたからです。それは深いテーマ性を感じさせる講演内容で、終了時には、拍手の渦となりました。

主題を明確にするためには、いちばん言いたいことは一つに絞ります。

スピーチの構成をしっかりとしたものにするには、**切り出しの工夫、展開の工夫、結びの工夫が必要です。**また、事例を考える時、主題を生かすものであることが最低限必要な条件であり、さらに聞き手が分かりやすいもの、興味をもつものが大事です。

切り出しの工夫としては、これから展開する話について、興味深い問題が出てきそうだ、とても役立つ話が聞けそうだなどの予感を感じさせることが肝要です。

次に、展開の工夫としては、話の筋を一貫させ分かりやすい順序で話す、ヤマ場はしっかりと描写する、無駄を省きすっきりとした話にすることが大事になります。

最後に、結びの工夫としては、主題を短い言葉で述べて結ぶ、主要なポイントを要約して結ぶ、誓いや願望を述べて結ぶなどが重要です。

それでは、簡潔にして明瞭なスピーチとはどのようなものなのでしょうか。それは、
①　**主題が明確であり**
②　**例が鮮明で印象深く**
③　**スピーチの構成がしっかりしていて**
④　**主題に深みがある**　ことです。

❖主題（テーマ）を明確にする

話し手は、色々と言いたいことがあるのが普通です。ところが、主題を明確にするには、**言いたいことをできる限り一つに集約して、それを表わす適切なひと言を決めて主張とします。**

多くの人は、言いたいことがいっぱいあるため主題が一つに絞れず、その上うまく整理されていない状態になります。これでは、聞き手は、話し手の主題（テーマ）を的確に把握することができません。

結び、ないし結論において、再度主題をしっかりと繰り返すことにより、聞き手に主題がはっきりと伝わり、印象に残ります。

主題の明確でないスピーチにおいては、あの人はいったい何が言いたかったのという、聞き手に不満が残ることになります。「下手の長談義」ということがいわれます。長たらしくてまとまりがない話のことです。また、「瓢箪で鯰を押さえる」ということわざもほぼ同様の要領を得ないことを示すものです。このようなことわざが多く存在するということは、まとまりのない話をする人がいかに多いかを示しています。

❖例を鮮明で印象深いものにする

主題を分かりやすくしたり、興味を起こさせたり、印象深くするために引用する具体的な話を「例」といいます。

例には、主題を裏付け、分からせたり、聞き手の耳を引きつけたり、話を記憶に残したりする、重要な働きがあります。しかしながら、選び方や扱い方を誤ると、主題がぼやけたりして、逆効果を生み出すこともあります。主題にぴったりと寄り添った例を使いたいものです。

例の種類として、自分が直接体験した例の他に、間接体験例、思考例といったものがあります。間接体験例とは、他人の話や文章、映像などから知った事例で、思考例とは、頭の中で考えて作られた例のことをいいます。「三本の矢」などは、戦国武将の毛利元就が三人の子に結束を諭したという伝えを離れて、今では一般的な思考例です。一本の矢は容易に折れるが、三本まとめてでは折れにくいことから、結束の堅さをいう時に使います。また『イソップ寓話』なども、例え話ですが、思考例と考えていいでしょう。

例は、主題をはっきりと分からせるもの、聞き手が関心を持つもの、共感性の高いもの、平易で明快なもの、新鮮で印象に残るものを選ぶことが重要です。

❖構成をしっかりとしたものにする

序論・本論・結論（起・承・転・結）の順番に構成がしっかりとしているスピーチは非常に聞きやすく、理解しやすいものです。

日本の有名な唱歌に「ふるさと」があります。

うさぎ追いし　かの山（起）
小鮒釣りし　かの川（承）
夢はいまも　めぐりて（転）
忘れがたき　ふるさと（結）

作者のいいたいことが非常によく分かる歌詞ですし、すっきりとした構成になっています。起・承・転・結は漢詩（近体詩）の絶句の構成を指す言葉ですが、このように日本の歌やスピーチの構成を考える時にも大変有益な構成方法を示唆してくれます。

日本の古くからの歌には、そのような起・承・転・結のはっきりとしたものが多くあり、時代を経て生き残っているのも、そのあたりに理由があるのかも知れません。

それでは、どうすればスピーチの構成をしっかりとさせることができるでしょうか。それにはまず、スピーチを行う時、事前の準備が大事です。

①　主題を何にするか決定する
②　それに合った例を考える
③　序論（起）での話の切り出し方、本論（承・転）での論旨の展開順序を検討する
④　結論（結）での話のまとめ方を決めていく

このように、**最初に主題（テーマ）を決めて、スピーチの骨格を完成させ、それに適切な表現や事例で肉つけしていくような組み立て方が必要となります。**肉をつけていく時に、不要な部分、不要な言葉などの贅肉は削っていくことです。贅肉がついているために、スピーチが非常に分かりにくくなっているもの、前述したように下手の長談義といわれるような話となる恐れが強くなってきます。

当方の話し方ＨＲ研究所の地域教室では、必ず実習の時間を設けております。テキストの解説を行った後、特定のテーマによりスピーチ実習を行います。教室に入ったばかりの受講者は、最初の三分間スピーチの時間が大変長く感じられ、なかなか三分間話すことができない人が多いのです。ところがどうでしょう。ものの三カ月もすると、今度は三分間をオーバーする人が出てきます。贅肉の復活です。これはいけません。いつの場合でも贅肉は健康によくないものです。いつもダイエットを心がけたいものです。

❖主題（テーマ）に深みをもたせる

スピーチには、基本的に話し手が、その主題（テーマ）にいかに肉薄できているかが表われてきます。また、そのテーマについて、日ごろからどれくらい真剣に向き合って、深く考えているかが表われてきます。その結果として、聞き手の感動を呼んだり、聞き手の心を動かしたりすることになるのです。

スピーチの主題の深さは、その人の考え抜く力や学び取る力によって決まり、表現する力によって増幅されます。その力は決して生まれつきではありません。一つの話題から、より深い主題を探り出そうと努力を続けている人に、知らず知らず身につく力なのです。

ある結婚披露宴に、新婦の会社の上司として招待されて参加しました。披露宴の終わりに新郎側の父親と新婦側の父親から、出席者にお礼のスピーチがありました。新婦側の父親のスピーチになり、どんな話になるのかと注目しておりました。父親は、自分の娘は、取り立てて言うほどの自慢できるところは何もないと謙遜して話し、その後で、挙式前日の父娘の会話を披露しました。**結婚した限り、自分の帰る家は、嫁ぐ家しかない。自分の実家は帰るところではなく、冠婚葬祭や何かの時に訪問するところと心得て嫁ぐようにと諭したのです。**困ったらいつでも実家に帰ってくるようにという甘い言葉で送る花嫁の親が多い風潮の中で、久々にきらりと光る感動的なスピーチを聞いた気がします。我慢することがなく、すぐ離婚してしまう近年の風潮に対し、新婦の父親として立派な餞《はなむ》けのスピーチであり、出席者には感動的な話でした。そして、このスピーチは、義父から新郎への餞けのスピーチも兼ねていたような気がします。短いけれど深い愛情、深い主題のスピーチを聞き、ほんとうに清々しい気分で披露宴会場を後にすることができました。

話し方のワンポイント

【印象深いスピーチとは】

① 聞き手の心にいつまでも残る
② 例で聞き手を納得、共感させる
③ 聞き手に「聞く苦労」をさせないために、構成はしっかりする
④ 話し手の人間性、あたたかみを感じさせる話しぶりである

第3章

論理的な話ができるようになるには

〜筋道だった話は、だれもが納得！

論理的な話とは、どういう話のことでしょう？　どのような話が論理的といえるのでしょうか。一見すると、理屈っぽい話とも取れますが、あえて言えば、理屈に合った話ということになります。

しかし、理屈に合っていれば他の条件は全く必要ないかといえば、そうでもありません。理屈に合ってはいるけれど、どうも聞く人の反発を買ってしまうような話し方では感心できません。理屈に合っている上、聞いた人がなるほどと思わず納得できる考え方、いつ聞いてもブレのない首尾一貫性が必要です。

会社に、話にいつも首尾一貫性があり、会議でもその発言がひときわ光る部長がいます。意見の違う人に対しても、きちっと客観的データを示し、だれでも納得できる説明をします。会議が終わって気がつくと、部長の説明していた意見にみんなが賛同しており、会議が紛糾することはほとんどないのです。

その話し方が論理的と社内で評判になっている理由を考えてみました。それには、色々な客観的資料を用いた説明があるのですが、それ以外にも、事実関係と意見とを明確に区分して発言していることが分かりました。これも話し方が論理的だと言われる大きな理由です。

「牽強付会《けんきょうふかい》」という言葉があります。牽強とは、道理に合わないこと、付会とは、無理やりこじつけることの意味です。つまり、道理に合わないことを無理やりにこじつけることです。このような話をしてしまいますと、話の途中で首尾一貫性がなくなり、自分の都合に合わせて話を歪曲するという結果にもなりかねません。これでは話の信用力もなくなってしまいますので、こういう強引さを戒めた言葉ということになります。

それでは、論理的な話し方というものはどのようなもので、どうすればいいのでしょうか。それには、

①　序論・本論・結論、ないしは起・承・転・結に沿って
②　話の筋にブレなく、一貫性があり
③　感情や先入観に惑わされない冷静な話ができる

などの条件が必要です。

その個々の要素について解説をしていきます。

❖論理的な話し方の典型的パターン

前述したように、論理的な話し方には一つのパターンがあります。もちろん自己紹介の場合など、パターンに関係なく話をしても全く問題ないこともありますが、一つのまとまった話をするには、そうしたパターンに沿って話をすると、たいていの場合、非常に論理的でよくわかる話となります。

それでは、典型的なパターンについて解説していきます。**すなわち序論↓本論↓結論の順に話を組み立てるということです。起・承・転・結という言い方もあります。これもほぼ同じことをいっています。起↓承↓転↓結の順に話を組み立てるということです。**序論が起、本論がほぼ承と転、結論が結に相当します。

スピーチには、まずスピーチの最初の導入部分が必要です。導入部分は、「切り出し」という言葉でよく表わされます。スピーチの最初の部分では、聞き手は、今日のスピーチはどんな内容なのか？　興味ありそうなものか？　役立ちそうか？　という観点で聞いています。その時点で、**序論、**つまり導入、切り出しの対応がまずく、聞き手に、何の話が始まるのか分からない、あまり大した話が聞けそうにない、役立たない内容らしいと思われると、その後の本論まで、聞き手の注意力、興味を引きつけることができなくなってしまいます。ぜひ、序論で、聞き手をぐっとスピーチに引き込んでいきたいものです。

本論では、いよいよスピーチが展開されていきます。論理的な内容、構成で進めたいものです。論点を箇条書き方式で述べることも、聞き手に論理的展開だと思わせる一方法です。

結論では、スピーチの最後の部分でもあり、聞き手にとっても最後に聞く部分ですので、スピーチの終わった後の印象にいちばん残りやすい部分です。ぜひ、印象深く、主題をしっかりと押さえた表現を入れたいものです。

また、**序論・本論・結論の時間的配分は、割合として1：4：1ぐらいの目安にするのが適当です。**例えば、1時間のスピーチを行う時、標準的な時間配分は、10分→40分→10分（序論→本論→結論）という風になります。話し方HR研究所の地域教室では、3分間スピーチを実習に取り入れていますが、これも、30秒→2分→30秒という時間配分になります。これを頭に入れて話をすると、聞き手にとっても非常に分かりやすく、バランスのとれた話だということになります。3分間スピーチの構成に対する熟達如何が、長いスピーチの成否を左右するといっても過言ではありません。

❖帰納法的な話し方と演繹法的な話し方

帰納法は一つ一つの具体的事実を結合し、一般的な原理・原則を導き出す方法です。また、演繹法は一般的原理から、特殊な原理や事実を推測する方法です。

話し方に応用しますと、帰納法的な話し方の場合、まず事例をいくつか出し、それらをまとめて結論に至る話し方です。演繹的な話し方とは、結論的なことを最初に言い、いくつかの事例に論旨を展開していき、最後に再び結論を述べるような言い方です。

二つの方法は、どちらが優秀であるとかいうことはできませんし、その必要もありません。スピーチの展開の仕方は、基本的にはどちらの展開の仕方でもよいのですが、自分のスピーチがどちらのパターンに近い進め方なのかをいつも意識して、話を展開していく必要があります。それでは、帰納法的な話し方と演繹法的な話し方を具体的に示してみたいと思います。

①　帰納法的な話し方

この話し方は、ひと言でいうと具体から抽象への流れということになります。色々な具体的な事例を示しながら、最後に結論として一つのまとめをしていくという話し方です。プレゼンテーションには向いている方法です。

例えば、最近の世の中の流れを見て、・スピード第一主義　・豊富なツールの発達　・何でもマニュアル化の時代　・専門の細分化、および色々な製品の多機能化、など具体的な事実をあげ、「これら便利主義の追究がコミュニケーション能力の低下を招いている」と結論づけるような話し方です。

② 演繹法的な話し方

この話し方は、①とは逆に、抽象から具体への流れといっていいでしょう。例えば、「リーダーの第一条件は対話力である」という結論をまず述べて、それを頷かせる事例を色々な形であげていく話し方になります。三段論法も演繹的な方法の一つです。

話し方のワンポイント

【論理的な思考のメリット】

① 多くの情報の正否を判断できる
② 感情的にならずに説得・反論できる
③ 提言・提案の妥当性を評価できる

第4章

相手や状況に合わせる話し方

～臨機応変のキャッチボール

相手やその場の状況に合わせた話し方をするということは、結構難しいことです。どちらかというと、話し方の世界では、中級以上の応用編と考えられます。ただ、実際の生活においては、それが話し方の中級以上であると如何とにかかわらず、毎日の生活での話し方として、必ず要求されることなのです。

そういう話し方ができないと、日常生活において大きな支障をきたします。**相手やその場の状況に合わせる話し方ができて初めて、相互の意志疎通が可能になり、真のコミュニケーションが成立しているといえるのです。**相手のことを考えずに一方的に話をすることは、決してコミュニケーションが成立しているとはいえないのです。話し手が一方的に話す時、聞き手は、そのことを敏感に感じ取り、しっかりと聞こうとする気をなくしたり、表面上だけ取りつくろった聞き方になってしまったりします。対面で話す時には、何といっても臨機応変のキャッチボールを心がけましょう。

久しぶりに旧友に会って、立ち話もなんだからと喫茶店に行きます。こちらが「最近どうしてる?」と尋ねると、「いや、まだ働いているよ。元の会社の子会社でね、相変わらず経理屋をやっているよ。会社が小さいと助かるね。扱っている金額も小さくて、月末にちょろちょろとやればおしまいってとこで、まあ、そこそこもらって、結構遊び金になって、現役の時より気持ちは裕福だね。近所のゴルフ仲間と二週間に一度はコースに出て、あとは朝と夕方、近くの打ちっ放しで…」と、際限のない、自分の近況報告が続いていきます。「ところで、オマエの方は?」という尋ねがなかなか出てきません。

それでは、相手やその場の状況に合わせる話し方をするには、どのようにしていけばよいのでしょうか。それには、

①　準備段階として、相手の特性や関連情報について十分に情報をもっておき
②　聞き手の関心、興味のあることをよく知った上で
③　聞き手の分析（内的条件や外的条件の分析）を絶えず行いながら
④　聞き手を考えた表現の仕方で話をする

ことです。

話し手が、こうした努力をすることにより、真の双方向のコミュニケーションが成立することになります。

❖聞き手を考えて話してみよう

人は一般的に、毎日だれかに話しかけ、話を聞いてもらっています。ところが、聞いている人は、最初の時点では、話し相手ではありますが、聞き手とはいえない状況です。つまり、その人の耳には、話し言葉は聞こえているのですが、ただ耳に音が入っているだけなのです。その人が、積極的に聞こうとしていない段階では、ただの相手に過ぎません。その後、ああこれは興味ある話が聞けそうだ、ぜひ聞いてみたいと思った時に初めて、その人は、聞き手となるのです。しかし、せっかく**聞き手**ができても、興味やその人の気持ちの状態などに合わせた話を続けないと、また、いつの間にかただの相手へともどってしまうことがあります。

「**話は聞き手が決定する**」という言葉を聞かれたことがあるでしょうか。話は、話し手が言葉を発するまでは、どんな話をするかは話し手の意の中にあります。つまり、話し手が自由に発言できる状態にあるということです。しかしながら、発せられた言葉が、聞き手のフィルターを通過した途端、**聞き手が自由に判断できる権利が生じることになります。このことを「話は聞き手が決定する」といいます。**どんな会話においても、話し手は、このことを肝に銘じて、発言内容を吟味しなければなりません。そこに、話をすることの難しさがあるのです。

このように、話し手は、話は聞き手が決定するという事実関係を厳粛に受け止めて、聞き手の分析をしっかりして話す準備をしなければなりません。そして、話の途中でも、聞き手の分析を絶えず行う必要があります。一対一の話の場合、話し手は、**聞き手の特性（性別・年齢・所属団体・性格など、聞き手の諸々の総合的情報）への配慮を怠ってはいけません。**

そのためには、例えば話し手が話をしている時に、救急車がすぐ近くに来て、聞き手がそちらに気を取られているなど、聞き手の周りに生じている外的条件への配慮は欠かせません。そして、聞き手の内部で起こりつつある内的条件への配慮も大切です。聞き手が残業をしてくたびれて、話を聞くどころではないなどの条件をしっかりと分析して、対応することが要求されます。

また、話をしている途中に、聞き手が時計を見るなど落ち着きのないようなことがあれば、一方的に話をし続けることは避けるべきです。**話をしている時の、聞き手の表情、態度などに細心の注意を払いながら、話を進めなければいけないのです。**

大勢の聞き手の中で話をする時も同様のことがいえます。ひと言でいえば、聴衆分析の必要性です。

❖ベテランアナウンサーの聴衆分析と、とっさの行動

あるセミナーでこんなことがありました。講師はＮＨＫの有名なアナウンサー。受講者は、講師の放送に関する楽しい話を聞いておりましたところ、突然、講師はある受講者に向かい、「大丈夫ですか！」と大声で呼びかけたのです。他の人たちは全く気が付かなかったのですが、かなり老齢の男性が、真っ青な顔で苦しそうにしています。すると、椅子からよろけて床に座り込み、間もなく気を失って倒れこみました。

この事態を見て、その講師は、慌てるどころかしっかりとセミナーの事務局に連絡をとって処置を依頼、救急車がすぐに来て、事なきを得ました。

その後、講師は落ち着き払って、心配顔の受講者にハプニングが起きたことに対する善後策を相談し始めました。状況の丁寧な説明を行った後、受講者の了解を得て、セミナーは予定時間より30分遅く終わることになりました。しかし、受講者はだれ一人として文句を言うこともなく、再度熱心にそのセミナーを聞き続けました。

その一部始終を見ていた受講者たちは、さすが有名アナウンサー！　倒れた受講者の**内**

的条件の分析もしっかりと行い、なおかつ、セミナーの受講者全体のことも十分に把握してセミナーを完遂させたと、感心することしきりでした。

このように、話し手の努力により、話が一方的にならず、双方向のコミュニケーション、もっと言えば、双方向の心の交流ができたのです。

このアナウンサーは有名であるだけでなく、講師としても一流であることを示し、講演内容までもがグレードアップされたように感じられました。

この事例からも分かるように、聴衆分析には大きく二つの条件への配慮が必要です。一つは、男性が倒れるという目に見える外的条件の変化、それに対してどうするかを考えること。そして、もう一つは他の受講者が、その時、何を考えているのかという内的条件に対する配慮です。これは、想像力を要することなので、外的条件への対応よりも難しいものがあります。

しかし、この講師は、急を要する外的条件の処理を第一にしながら、他の受講者をどうするかをも同時に考えていたのです。自分が受講者であれば何を思うか、そこから、講師としての内的条件への具体的な対応策が提案されていったものと思われます。イレギュラーな事態への対応には、聞き手第一主義を念頭において当たりたいものでいす。

❖聞き手を考えた表現の仕方とは

単なる話し相手から、聞き手になってもらうため、聞き手を考えた表現の仕方について考えてみます。まず話し手は、相手、または聴衆から親しまれるような態度で話をしなければなりません。それには、自然であたたかい表情や態度を身につける必要があります。

選挙演説を例にとっても、そのことがいえます。選挙時には、演説と同時にポスターも目につきます。

一度は選挙演説を聞いたことがあるかと思いますが、特定の政党を初めから支持している人は別として、多くの人は、演説者の話す表情や態度に左右されて、その人に投票するかどうかを決めているところがあります。選挙では、本来は政策などの内容が重要なのはいうまでもないことですが、投票には、その他の要素によって大きく左右される可能性があります。演説者の話す表情・態度が大きな判定要素になるのです。

同様に、選挙ポスターも大きな判断要素です。ポスターの顔を見て、だれに投票するかを決める人も多いといわれています。その候補者の表情を見て、投票が判断されるのです。

一般的に、話し手の表情・態度は非常に重要な要素です。普段は冷静な語り口であっても、必要に応じじユーモアを発することも必要です。発する言葉の表現は、できるだけ温和

（マイルド）であり、行き過ぎ表現があったとしても、すぐに補正する度量も必要です。こうした聞き手を考えた表現の仕方を、日ごろから心がけていることが何より大切です。

講演会の講師によくあるパターンですが、講師は、各界の名士であったり、専門家であったりするのですが、聞き手にはなぜか受け入れられない場合もあります。そういう講師は、聞き手にとって、何が足りないのでしょうか？　何がまずいのでしょうか？

きっとその講師には、色々な意味での自己中心的な態度がどこかに表われているにちがいありません。そのようになる要因は様々ありますが、一例として、講師が聴衆より社会的に地位が上だと思っている場合があります。こうした講師の態度は、自ずと聞き手に伝わってしまいます。

こんな講演事例があります。ある電気関係の会社の研修で、社員の視野を広げようと異業種の外部講師を招いての講演会を企画しました。講師は当時、名を知られた建築家です。壇上に登場するや、「どうして、電気屋さんが私を呼んだんですかね。電気屋さんに建築の話をしても分からないでしょう。だから、今日は私の方から話すことはありませんので、聞きたいことがあったら、それに答えるという形にしましょう。それならお互い、ムダな時間を過さなくてもすみますから」と切り出したのです。

講演を企画した事務局は驚きました。事務所を通して、研修の趣旨を話し、謝礼も著名であることを考慮してそれ相応の金額で了承してもらっていましたので、このハプニングにどう対応していいのか戸惑いました。司会者は「先生、お話は分かりますが、建築の初歩的なことでもいいですから、お話していただけませんか？」と懇願しましたが、「きみ、建築の初歩を甘くみちゃいけない。初歩でも専門なんだから、素人にはなかなか分からないよ。逆に、あなたたちの方から、電気の初歩を私のほうにしてもらって、私が分かったら、私も建築の話をするということで…」との、はぐらかしの返答です。

司会者はやむなく、研修生に質問をするように促しましたが、挙手する者はおりません。困った司会者は、つなぎのつもりで、当時完成したばかりの江戸東京博物館についての感想をうかがおうと切り出しました。すると即、「東京にあんな得体の知れない建築を作って、あれは見せ物だよ」と一喝。そして、さらに「聞きたいこと、何もないの？」と研修生たちを見回します。埒が明かないので、わずかの時間でこの〈講演なき講演会〉は終了しました。まさかと思うような事例ですが、事実です。

まさに、自分が有名人だとの自負からか、研修生より社会的に地位が上だと思い、研修生を人として同等に考えていないことの表われでしょう。

話は一方通行ではない双方向でのコミュニケーションが成立していることが重要です。

そのために、話し手はどういう行動をとらねばならないかを考えてみましょう。その一つとして、話の途中に、聞き手への問いかけが必要かつ有効になることがあります。話し手は独善的にならないように、機会をとらえ、できるだけ聞き手に問いかけをすべきです。それによって、聞き手は、**話題になっている内容をより自分自身の問題としてとらえ考えることになります。**

話を双方向にしていくには、話し手のたゆまぬ創意工夫が必要となります。話にメリハリがあることも重要な要素です。話の強弱・高低、リズムの変調、適切な間も重要な要素です。これにより、聞き手は、話し手からのメッセージを感じ、話し手の話に引き込まれていくことになります。そして、**このことは一方的な話でなく、双方向的な話を醸成していくことにつながります。**

❖聞き手を考えて話すことの重要性

ここでは、聞き手を考えて話すことの重要性について説明します。話し合いを目的別に分類すると、以下の四つに分類することができます。

① 報告の場合

ある会社の話です。週末に得意先のクレーム発生のヒアリングのために出張した営業部の山本係長。週明けの月曜日に朝いちばんで報告するために、上司である課長のもとに行きました。ところが、課長は真青な顔をして、同じ課の上野さんと話し合っています。どうも今朝になって、別の得意先で、より深刻なクレームが発生したようです。自分のことで精いっぱいの山本係長は、クレーム処理の報告をできるだけ速やかに、何としても報告しなければと思い、課長の前で立ったままでモジモジとしています。

この事例の場合、山本係長はどのようなタイミングで、どのような報告をすべきなのでしょうか？　山本係長の立場だけからいえば、出張の報告は、月曜日朝に速やかにすることが重要です。ただ、報告を受ける課長にしてみれば、山本係長の報告も朝一で聞きたいのですが、それよりも、一層深刻なクレームが現在起きており、それをまず早期に解決する必要があったのです。

やはり報告の受け手（聞き手）の課長の現在置かれている状況を、山本係長はしっかりと考え、判断しなければなりません。山本係長は、「週末の出張報告を速やかにすべきですが、今お取り込み中のようですので、それが一段落しましたらお声をかけてください。その時にまとめて、報告いたします」と、課長に対して自分の職務上の誠意は伝え、その場を去るべきでしょう。このように、**報告の場合には、聞き手を考えて話をすることが何より重要**となります。

② 説明の場合

説明は、**相手に必要なことを過不足なく分かりやすく話すことが最も大切なことになります。**先ほどの山本係長の事例です。ある時、得意先の海山商事に関して、倒産するのではという噂が立ち始めました。山本係長は、課長命令で海山商事に急遽出張し、事実関係を確かめ、できればその場で売上債権を回収してくることになりました。

ところが、山本係長が海山商事に到着すると、たった今破産手続きを行うことを決めたとのこと。山本係長は、早く課長に知らせなければと、電話で一報を入れた後、急いで帰社し、夕方早速そのことを報告しました。しかし、課長が知りたかったのは、山本係長が海山商事を訪問して、**そこで見たこと、聞いたことだけの報告ではありません。**今後の対応の可能性も含めた説明を要求していたのです。どうすれば早期に債権回収ができるかという、関係他社の情報とか、知り合いの情報とかを総合して、今回のことを体系的に把握した説明を望んでいたのです。

しかし、山本係長の頭には、「破産手続きの開始」の事実を早く報告しなければという一心で、海山商事の債権の返還の可能性や今後の見通しも含めた説明をするという意識が全くなかったのです。どうして課長と係長の間に、こういう食い違いが生じるのでしょう。それは事実の大きさに対する係長の気持ちの動転も一因ですが、説明の時には、説明すべき相手が今何を要求しているかを考えなかったからです。

③　説得の場合

同じく、山本係長の事例です。彼は、海山商事の破産の知らせを受けて、会社の顧問弁護士とともに、再度出張することになりました。山本係長は、専門家の顧問弁護士を前面に立て、情報収集に当たりました。今回の出張は前回と違い、自分がこの事態を打開する当事者ならばどうするかを意識していました。その状況で知りうる限りの情報収集の後、顧問弁護士と打ち合わせ、今後の対応策の〈素案〉をまとめました。そして、弁護士とともに帰社し、早速二人で課長に新しい情報の説明と対応策の〈素案〉を提示し、〈素案〉の根拠の説得に当たりました。課長はその〈素案〉を了解した後、顧問弁護士とともに部長に概略を説明、その後社長を交えて四人で今後の対応について協議しました。

一段落した後、課長は山本係長にねぎらいの言葉をかけました。前日の轍を踏まずに係長が、**課長の関心事を考えて、事柄の重要性と可能な方法を提示した**からです。

④　忠告（アドバイス）の場合

相手の考えや行動を改めてもらうための話を忠告といいます。改めてもらうための話ですから忠告は反感を招くことも往々にしてあり、忠告の仕方は非常に難しいといえます。聞き手を考えて、しっかりと忠告できるようになることは大事なポイントです。難しいからといって、おっくうがらないで、積極的に忠告に取り組みたいものです。その積極的な取り組みによって、人間形成に役立ったり、組織の協力の流れが円滑になったりします。さらには、相手との人間関係が深まるなどの重要な働きが醸し出されてきます。

話し方のワンポイント

【話のキャッチボールができるようになるには】

①　事前に相手の情報を多く得る
②　気持ちの余裕をもって、聞き手を注意深く観察する
③　聞き手の表情や動作の変化に合わせて、話を再構築しながら進める

第5章

あなたにもできる大人の話し方

～さりげなさのウラにある重み

大人の話し方ができなくて、悩んでいる人が案外多くいます。いまだに学生言葉から抜け切れないでいる人、ついついため口をきいてしまう人、「私的には…」「…とか」を多用する人、また、「ワタシ⤴本を⤴読むのが⤴あんまり⤴好きな⤴ほうじゃ⤴ないんで⤴…」と、文節の切れ目ごとに語尾を上げて発音する人などが多くいます。これなどは、聞く人に押しつけるように聞え、どうも息苦しくなってきます。

自分でそれらのことを意識しているけれどもなかなか治らない人、全くそのことを意識できていない人など様々です。こうした話し方を修正して、堂々とした大人の話し方ができるようになりたいものです。

では、話し方から考える「大人」とは、どういう人のことでしょう。それは、

① 発する言葉やしぐさに、高い人間性を感じさせる人
② 冷静で落ち着いていて、相手の話に感情的にすぐ反応することのない人
③ 相手の立場や考え方に理解を示し、聞き手（相手）の分析ができている人

④　相手を立てることができる奥ゆかしい人
⑤　知識と心に余裕をもち、ユーモアがある人

こういう人から発せられる話は、さりげない印象のウラに何とも言えぬ重みをもつ「大人の話し方」を感じさせます。そこに近づくには、話す時にどのような意識にもっていけばいいのでしょうか。それには、

①　話力を最大限に生かして
②　表現の仕方、話す時の態度をしっかり保ち
③　適切な言葉を選んで
④　余裕を持った話し方、ユーモアのある話し方をする

ことが重要です。

これらを意識することにより、みなさんの話し方はぐっと大人っぽく、堂々としたものになります。そのことにより、何よりも話し方に対する自信を感じながら人と会話したり、人前でスピーチしたりすることができるようになります。そして話し方の世界が大きく広がります。

ここで、大人の話し方とは、どのような話し方なのか、事例を交えて説明していきます。

❖話力を最大限に生かすには

話力とは、「話すことによって相手に及ぼす影響力」と定義づけられます。話力は人間の基本的能力であり、相互に必要な信頼や協力も話し方によって左右されることが分かります。

話力といえば、みなさんはどんなことを思い浮かべますか？　まず、ほとんどの人は表現力のことだと思われるでしょう。もちろん、それも正解です。しかしながら厳密に言えば、これは正解の一部で、あるいは正解のごく一部ということになります。実は、**話力とは、誠実さと理解力と表現力の三つから成り立っています。**このことを「**話力の三本柱**」といいます。

誠実さとは、私欲に惑わされず、自分も他人も大切にする気持ちのことです。

理解力とは、他人、自分、そして万物のことが他との関連で正しく分かる能力のことです。このことをもう少し詳しく述べますと、

①　他人の話の内容・意図・立場・人柄を正しく把握し、心情も理解して、共感・是認・容認する能力

②　自分の知識・考え方・クセなどを正しく把握し、検討する能力

③　万物の相互関係を理解し、美を鑑賞し、人の誠に感動する能力ということになります。

表現力とは、伝えたい内容を相手にしっかりと受け止めてもらえるように言い表わす力のことをいいます。

話は自分の人間表現ですから、その人の人間的広さやあたたかさがそのまま反映されます。話力を高めるには、内容豊かな自分をつくり上げる必要があります。

話力の三本柱は、どれが欠けても、話力があると言えなくなります。ただ、あえて三本柱のうち、どれがいちばん重要かというと**誠実さ**です。孔子は衛の賢大夫甯武子《ねいぶし》の愚直なまでの誠実さを称えています、「その愚は及ぶ可からざるなり」（『論語』公冶長第五）と。甯武子《ねいぶし》は国が治まっていた時には利口に立ち回りましたが、国が乱れると、目立たぬ不利な立場に自分の身を置いて、事態を誠実に善処したというのです。

このように、誠実さを備えた話し方、理解力と表現力に長けた話し方ができるようになると、みなさんの話し方は、大人の話し方に大きく近づいたことになります。そして、人生観も変わり、きっと人生そのものも変わってくるはずです。

❖あなたもできる表現の工夫

表現をひと工夫するとあなたの話し方も大人の表現になります。その表現とは、**肯定的な表現、明るい表現、分かりやすい表現の三つです。**

まず大事なのが**肯定的な表現**です。肯定的な表現とは、言うべきことは言いながらも相手の自尊心を傷つけないように配慮した表現をすることです。社会生活、特に仕事をする上では、相手に反論や異を唱えなければならないこともあります。その時こそ肯定的な表現の出番です。自分が正しいと思う時ほど、相手の気持ちに配慮した言い方を工夫する必要があります。この相手のプライドを守る表現ができると、相手や周囲から人として信頼や評価を得られます。また、肯定的な表現をすると、話し手自身も聞き手にも元気や勇気を与え前向きになれます。

ところが、私たちは自分の考えを絶対視したり、相手を蔑視したり、率直こそ最高の美徳との思い込みや感情の高ぶりから、否定的な表現をしてしまいがちです。

それでは、どうすれば肯定的な表現ができるのでしょうか？　それには、

① **肯定的な言葉を使う**　「あなたならできます」「頑張りましょう」

② **相手のプライドを傷つけないよう表現する**

「おっしゃるとおりです。ただ、私の立場では～」

③　**否定した場合でも、その後肯定する**

「今日のプレゼンはどうしたの。いつもの△△さんらしくないね」など。

次に、**明るい表現**を心がけましょう。明るい表現とは、聞き手の気持ちが明るくさわやかになるように表現することで、話し手自らの意欲にもつながりますし、聞き手にもプラスに響きます。それには、次の三つを意識して話してください。

①　**相手との間に心の壁をつくらず、気さくに表現する**

②　**明るい表情、明るい声で表現する**

③　**希望の持てる方向、プラスの表現をする**

三つ目は、**分かりやすい表現**をすることです。話は、こちらの意図するように相手に伝わらなければ意味がありません。また、聞き手に聞く苦労をさせないためにも分かりやすい表現をしましょう。分かりやすい表現とは、①発音・発声、類音語やアクセントに気を配る　②相手に分かる言葉で話す。そのためには、同音語や専門語、学術語、方言などは相手に応じて使う　③明確に表現する　④相手が判断に困る表現や基準のない表現を避ける、などに留意して話すことです。

❖適切な言葉選びで、あなたも大人の話し手

言葉の性質をしっかりと理解し、有効な言葉を使うことが重要です。言葉には、抽象度というものがあります。話し手が意図したように、内容がそのまま伝わるには、**話の内容やそれを聞く相手のレベルによって、抽象度を調節していくことです。**

例えば、ある家でハッピーという名のプードル犬を飼っていたとします。このプードルのことをよく知っている人、たとえば動物病院が同じでよく会う人と、どこかで出会って話す時などは、相手も「最近、ハッピーちゃんはお元気ですか」で構いませんし、わざわざ「犬の」とか「プードルの」とかつける必要はありません。

しかし、ハッピーのことを知らない人には犬・プードルといったあたりから説明することにもなりますし、もっと大きな概念から始める場合も出てくるでしょう。このように、ある事柄のためにある言葉を使用する時、この人には、この場ではハッピーという言葉を使おう、あちらでは犬・プードルでいこうというように、その場に適切な抽象度の言葉を使用することになります。適切な言葉選びが、あなたの話を分かりやすい大人の話にします。

また、言葉には、事実をゆがめる可能性のあるものがあり、注意深く使用する必要があ

ります。例えば、子どもが何かを親に買ってもらいたい時、「クラスのみんなが持っているんだ」という言い方をすることがあります。親は、こうした事実をゆがめる可能性のある言葉に対して、冷静に・適切に対応する必要があります。

❖学生言葉・間違い語を卒業し、大人の言葉で

最近、ファミリーレストランで、注文時に「飲み物のほうはどうなさいますか」と、やたらに「～のほう」という言葉を耳にします。従業員は、この表現をソフトなよい言い方だと理解し、だれもが使っている正しい言い方だと考えているようです。確かに「ほう」は、方向を表わし、言葉を和らげる効果をもつため、押し付けがましさを軽減する役割をしているともいえます。しかし、あまりにも頻繁に、何の意識もなく使うことは、大人の話し方から外れます。

また、「私的には」という言い方も、多くの人が使いますが、謙虚な姿勢を表しているようで、その実、まともに意見を述べ合おうとはせずどこか逃げている姿勢が見えます。その他、「…かも」「…みたいな」などは子どもが抜けていない言葉ですし、「何気に…」「…よさげ」などは聞きづらい幼稚さをもっています。多くの人が使っているから正しい用法だとは限らないことを肝に銘じておきたいものです。

❖相手の話に感情的にすぐ反応しないように

会話というのは、ある種反射的な言葉のキャッチボールという面があります。ただ、相手が投げかけてきた話に、いつでも反射的に言葉を返す必要はありません。すぐに返答できない時や、相手の言葉についムッとなった時は、一呼吸おいて返答すべきです。すぐに反応して、しまったと思っても、出した言葉を不問にすることはできませんから。

江戸時代中期の僧侶に慈雲尊者という方がいました。彼によって広く宣揚された仏教における十戒に、「十善戒」というのがあります。不殺生《ふせっしょう》・不偸盗《ふちゅうとう》・不邪淫《ふじゃいん》・不邪見《ふじゃけん》・不慳《ふけん》貪《どん》、と続きますが、話し方に関連したものが半分の五つもあります

不妄語《ふもうご》：ウソをつくことなかれ　⇓誠実で正直な話をしよう
不綺語《ふきご》：いいかげんな言葉を話すなかれ　⇓よく考えて話をしよう
不悪口《ふあっこう》：悪口をいうことなかれ　⇓優しい言葉を使おう
不両舌《ふりょうぜつ》：仲違いさせる言い方をするなかれ　⇓思いやりのある言葉を使おう
不瞋恚《ふしんに》：怒り心を起こすことなかれ　⇓怒りを持たないでにこやかに暮らそう

の五つです。

このように、相手の話しかけに対して、怒りをもって汚い言葉で返答するとか、よく考

えないで、思いやりの欠けた返答をするようなことは、けっして大人の話し方とは言えません。

みなさんは、テレビでの政治討論会をご覧になったことがあるでしょうか。民放の報道番組などで政治討論がよく行われています。どのような様子か思い出してください。

各党の発言者は、自分の発言をわれ先に言って、他の人の意見を聞き入れる様子はほとんどありません。そのくせ、自分の発言を他の人から中断されると非常に憤慨し、他の人の発言中にすぐに割り込むのです。

これが国を代表する国会議員かとあきれるばかりです。まず、人の話をしっかりと聞いて、よく考えて、反論があれば、司会者の許可を得て反論する。この基本的ルールが守れないのです。相手の話を冷静に聞いて、すぐに反応しないで、じっくりと言葉を選んで反応するのが、大人の話し方です。世の中には、色々な人がいて、色々な考え方があり、色々な主張をします。その多様性を認め、冷静に言葉を選び、発言する姿に、多くの人は賛同し、味方してくるものです。短絡的にものを判断して、それを口に出すことは慎むべきことです。

❖相手の気持ちに寄り添い、相手の立場を考えて

自分勝手な話をするのではなく、相手の気持ちに寄り添い、相手の立場を考えて、相手の面目をつぶすことのない話し方というのが、大人の話し方の重要な要素です。

現在、SNS（ソーシャル ネットワーキング サービス）において、チャットが大流行です。ほとんど話し言葉の内容です。チャットとは、英語の「ｃｈａｔ」からきており、本来は雑談という意味です。日本では、それを「つぶやき」といっております。

チャットに並んでいる言葉には、自分本位の考え方・つぶやき・ぼやきばかりが目につきます。本来、つぶやきとは、本人がフッともらす刹那の言葉であり、それはその人一人か周辺にいる数名のみが聞き取る言葉のはずです。ところが、ネットを通じて、あっという間に、不特定多数にその言葉が広まってしまいます。

こういった社会的影響の大きさを理解しないで、機能としてそれを使用することに現代の危機が生じています。ネットを通じて発言する時には、それを見る人（聞く人）のことを考えて、責任ある発言を行うべきです。

徳川家康の十男で紀伊藩の始祖である徳川頼宣は、釣り好きで、家臣を連れてアユ釣りに岩出川に出かけました。そこで、家臣たちに、岩出川の流れが速いので、日頃の水練の

腕だめしをやろうと言い出しました。藩士たちは、われ先に泳ぎ始めました。思いのほか流れが速かったのですが、対抗意識もあり懸命に競っていました。ところがその中に水泳が不得意な藩士がおり、急流にみるみる流されていきました。救急のために船を用意して見張っていた家臣がそばに漕ぎ寄せて、「無理だと思ったら、船に乗ってよいぞ」と声をかけたのです。その様子を見ていた頼宣は、「あんなふうに言われては、面目もあって、すぐにそうですかと船に乗れるものではない。同じことを言うにも、このあたりは危険だから、船で一息ついて泳ぎ直せと言えば体面も立つであろうに」と憤嘆したということです。言葉一つが相手を勇気づけることもあれば、傷つけることもあるものです。頼宣は、言葉の大切さをよく知っていたのです。

入社して三年になる女子社員。来客のたびにお茶を出すのがイヤで仕方がないのですが、先輩社員はいつも楽しそうにお茶出ししているので、尋ねてみました。すると、先輩社員は、「わざわざ会社にお越し下さったお客様に、ようこその気持ちを、お茶をお出しすることで伝えられるのだから、私一度もイヤだと思ったことないわよ」との答え。これを聞いて若手社員はハッとしました。先輩社員の言葉は、後輩へのきびしい説教でないばかりか、仕事に取り組む本来のあり方を後輩に気づかせたのです。大人の話し方です。

❖心の余裕から生まれる余裕のある話し方、ユーモア

話の中の心あたたまる笑いは、自分も周りも楽しく、心のゆとりを生み出します。欧米では、スピーチをする時、ユーモアのある笑いを工夫するのが常識とされています。**ユーモアは、人生の矛盾や不合理、愚かしさなどに直面した時に、それを心あたたかく見守る中から、そこはかとないおかしみを見つけたり、表現したりしていくことにより生まれます。**

とある白衣の天使（看護師）がお見合いをした時のことです。帰り際に男性が別れの握手を求めたのに、天使はいつもの癖で、握手をしないで男性の脈をとってしまいました。男性はびっくりしましたが、すぐに「僕に脈があったら、また会ってくれますか？」と返しましたとのことです。新聞にあった話ですが、これなどは、困った相手をあたたかい心で包もうとしたから出た行為です。上質なユーモアの一例といえるでしょう。

ユーモアを身に付けるには、おかしみと仲良くすることです。人間をあたたかく見守り、おかしみに関心をもち、おかしみを味わい、おかしみを発見し、創ることです。ユーモアが発揮できるようになると心に余裕ができます。

ユーモアを身につけるにはどうすればよいでしょうか。人や自分の心の動きを、喜び、

悲しみ、怒りなども含めて、あたたかく見守ることが大事です。

また、おかしみと仲良くするために、寄席、漫画、川柳、小説などに親しむことも必要です。寄席の最前列で色々な話を落語家や漫才師から聞いていると、心の余裕もできてきます。その際、おかしみのポイントを探り、研究することが重要です。

意外性・矛盾・誇張・繰り返し・自慢・卑下などの中にポイントがあります。しゃれ、おかしい言葉、流行語やジェスチャー、表情、物まねなどから、ポイントを探求します

話し方のワンポイント

【〈大人〉を感じさせる対応の仕方】

①　不満に思った話にも感情的にならずに対応している
②　人は多様な存在だ、だから考え方も色々だと心得て人に対している
③　知らないことは知らないとして、尋ねることを忘れないでいる
④　相手を立てることを知っている
⑤　コミュニケーションは「言葉」がすべてではないことを知っている
⑥　話すことがなくても、「場」がある以上、何か話題を出そうとしている

応用編Ⅱ

人と組織を動かす話し方

第1章

士気（モチベーション）を高める話し方
～仕事は人とともにするもの

士気とは、もともと兵士の闘いに対する意気込みの意味でしたが、現在ではもっと広く人々が団結して「事」を行なう時の意気込みを表わすようになりました。「モチベーション」といったりもします。

人は企業、チーム、サークル、グループ、家庭など、様々な形で他の人々と協同して生きていきます。そして、その集団が団結して何か「事」を起そうとする時、必要になってくるのが士気です。ことにその集団のリーダーは構成員の士気を高めるために、メンバーに向かって様々な意匠をこらします。

危機意識を駆り立てて士気を鼓舞するということもあります。古くは、古代中国漢の武将・韓信が兵士たちを死地に陥れてこそ生き延びる意気込みが出ると考え、背水の陣なる戦法を採りました。ふつうは山を背にするのが戦いの常道ですが、川を背にするのですから、敵も味方も驚いたに違いありません。この異例の戦術が功を奏して、漢は趙軍を破ったばかりか、韓信を一気に名将にしました。日常、よく「背水の陣を敷いて」など決意を語る時に使われますが、事実は過酷です。言葉の前に自ら死地をつくり出して、兵士に死にもの狂いで戦わせるのですから、残酷な方法というべきでしょう。

現代では、やはりリーダーは言葉の力によってメンバーたちを納得させてから、動いてもらうというのが、士気を高める常套的な方法です。人は命令や利害によっても動きますが、その集団が生き生きとして長く存続するには、構成員がよい人間関係を築きつつ、相互に進むべき道を納得し合った上で動き出すことが肝心です。これができた時に、その集団・組織の士気は高まっているといえるでしょう。

言葉でそれをするといっても、使い古しの言葉やもっともらしい言辞では、人は動きません。

では、人の士気を高める話し方は、どうすればいいのでしょうか。それは、

①**目標を掲げ、道筋を示し**
②**相手の考え・意見によく耳を傾けて**
③**自分で自分をも鼓舞しながら**
④**引っ張るよりも、後ろから押すように**
⑤**事態が陽転する言葉で話す**　ことです。

❖導く先の姿を示せば、士気は高まる

最近、山形県の白鷹山山頂に、二基の石碑が建立されました。米沢藩中興の祖・第九代藩主上杉鷹山の「伝国の辞」と、その鷹山を敬愛していた元米大統領J・F・ケネディの就任演説（一節）を刻んだ二つの碑です。

鷹山は、あの天明の大飢饉で一人の餓死者も出すことなく、米沢藩を三百諸藩の範たる藩へと変貌させた名君です。彼はわずか三条の「伝国の辞」によって以後の藩主が行なうべき道を示しました。その一つに「**国家人民のために立たる君にし、君のために立たる国家人民にはこれなく候**」とあります。君主は人民のためにあるべきであって、人民の私物化は許されないと、自分の後に続くだろう藩主たちを戒めています。

その鷹山を範としたケネディは就任演説で、逆に国民への戒めを説き、アメリカ人民の進むべき道を示しました。それが「**国家があなたに何をしてくれるかではなく、あなたが国家に何ができるかを問おうではないか**」という言葉です。

人の士気は、はっきりした目標が提示されないと高まりません。そしてその目標は、具体的であればあるほど、士気は高まり、大きな宝を生み出すことにもなります。

明治時代の建築家辰野金吾の場合もそうでした。平成二十四年（２０１２）十月、東京

駅の丸の内駅舎が三つのドームを含めて、建設された当時のままに復原されましたが、この日本を代表する表玄関となる東京駅の建設を手がけたのが辰野です。明治四十一年（1908）に起工されましたが、当時、巨大ビルの建設はコンクリート時代に突入しており、建築学会のだれもが煉瓦造りは時代遅れと主張しました。彼は日本の玄関を技術の先端で誇るのではなく、日本文化を愛する結晶体で飾りたかったのです。彼にはその完成図がすでに見えていました。彼は、その設計図を国家の中枢を担う人々に**情熱的に説得しました。私心などありません。**ヨーロッパに伍する国の建造物のイメージを説いて回ったのです。

すると、尊敬する建築界の先輩たちがまず賛意を表わし、国の要人たちも彼の士気に感じ入り、すべてが彼に委ねられることになりました。そして建設が開始され、大正三年（1914）、現在私たちが目にする東京駅が、日本の表玄関として姿を現わしたのです。これは、関係した者すべてが辰野の奏でるリズム・メロディー・ハーモニーの織りなす音色に聞き惚れた結果であり、それは、現代の私たちへの気品のある贈り物になりました。

これは、ロマンに裏打ちされた辰野の具体的な目標、それと私欲をそぎ落とした偉大な行動力のなせるわざです。このように、**リーダーの言葉は簡潔でしっかりした行き先を示すことが第一です。**

❖会社は会社、オレはオレでは士気が上がらない

機械部品メーカーのI製作所では、休憩時間にもスマホに没頭する社員が多く、社内の会話が減ったことを憂慮しています。そこで、「デジタルフリー奨励金」というスマホの束縛から解放された人へ報奨金を払う制度を導入しました。

I社長は「アナログ的時間と空間が増えれば、判断力が増し、表現力がつき、他人を思いやる力もつくはずだ」と考えたのです。「アナログ的時間と空間」というのは、「人と話す、本を読む、字を書く、辞書を引く、考える」時間と空間のことです。

憂うべき現実を見て、それを克服する**目標を分かりやすく掲げ、社員に会社の進むべき道筋を示した**わけです。社員が、会社の将来に無頓着で、個人的な趣向にばかり走るとすれば、会社の士気も社員個々のモチベーションも上がることはありません。

会社は会社、オレはオレと割り切ることは現代的合理主義に叶っているようですが、環境の悪化によって、個人の存在も消えてしまいかねません。それこそ共倒れによって、社員たちはスマホを操作する時間さえ失ってしまうことにもなります。現在では、そのことを多くの社員が理解して、**必要な話を、必要な人に、必要な時にだけするよう心がけ、**効率を上げているとのことです。

❖相手の縮んでいる心を広げる言葉かけ

そういった制度も士気高揚になりますが、やはり人の言葉がそれに関わることが大きいものです。ことにスポーツの世界では、**その時、その場に合った言葉を選手に語りかけることが大事**です。女子バレーボールの日本代表で往年の名セッター中田久美さん、彼女は現在、久光製薬のバレーボールチーム、スプリングスの監督を務めていますが、就任翌年にはもう公式戦史上初の五冠を達成させました。

その五冠を達成した大会の準々決勝でのこと、勝つには勝ちましたが、期待のA選手のサーブの不調に着目しました。A選手の活躍なくしては勝ち進むことは難しい。試合後、彼女を呼び、声をかけました。「サーブは入らなくてもいいから、思い切ってプレーしなさい。いつまでも下を向いている選手がコートにいると、周りは納得しないよ」と。

そのひと言が、「またミスをしたらどうしよう」というA選手の気持ちを払拭させ、彼女を前日とは違う姿に変えました。しなやかなスイングから放たれるサーブが次々に決まり、試合が一気に動いたのです。彼女のサーブがチームに流れを呼び込み連続得点を重ね、勝利を引き寄せました。チーム全体にではなく、ある選手に焦点を絞って、その選手に合った言葉をかけることは、そのチームを熟知している監督にしかできません。

❖ひたむきに生きる者の言葉に「言霊」は宿る

日本は古代から「言霊《ことだま》の助くる国」「言霊の幸《さき》はふ国」と信じられ、長く「語り継ぎ、言い継が」れて来ました。言葉には霊力が宿っており、それが奮い立つと、言葉にされた内容がそのとおりに実現されるという考え方です。

「万葉」の昔、山上憶良が遣唐使として渡唐することになった時、壮途を祈念する宴席が設けられました。その席上、柿本人麻呂は、

敷島の大和の国は言霊の　助くる国ぞま幸《さき》くありこそ（わが大和の国は言霊が幸いをもたらしてくれる国なのです。どうかご無事で行ってきて下さい）

と、力強く詠んだのです。この歌の霊力が奮い立っていたのでしょう、山上憶良たちは、任務を終えて五年後に、波濤千里を越え無事帰還することができました。

それから三十年後に、今度は憶良の主人筋の御曹司が遣唐大使として渡唐することになりました。名は丹比広成《たじひのひろなり》。憶良が漢詩文の手ほどきをしたと思われる人です。憶良は、若き頃人麻呂に励まされた歌への思いと、主人家への恩義から、病身を押して力強く、広成に餞《はなむ》けの歌を送りました。「好去好来《こうきょこうらい》の歌」と題する、無事に行き無事に帰ることを祈るという歌です。六十三句にも及ぶ長歌です。その最後三句は「障《つつ》みなく幸くいまして早帰

りませ」(障りなく無事においでになって、早くお帰りなさいませ)と「言挙《ことあ》げ」しています。

言葉に出して特に言い立てることを言挙げといいますが、この歌に対する憶良の言挙げぶりのほどが忍ばれます。憶良は、この歌を詠じた三カ月後に七十四歳の生涯を閉じますが、広成一行は、その二年後、無事に任務を終えて帰国しました。まっとうに言挙げすれば、事態は**陽転し、きっとそうなると思っていたのです。**

これは現在でも意識していい考え方ではないでしょうか。**ある思いや祈りや考え方を心の中で言葉にする、次にそれを口に出したり、文字に書いたりする。言葉はこの時から自分の行き先を自分で表示したことになる**わけですから、後はその方向に向かって知恵を絞りながら歩いていけばいいのです。こうなって初めて人は、自分の足で自分の道を歩く体勢を整えたことになります。「自立」です。**言葉と自立は大いに関係があります。**

だから、自分の口から出される言葉は、自力歩行の宣言になっているはずです。スポーツなどで人に感動を与える名選手たちの言葉を聞いていますと、どうみても不利な条件にあるにもかかわらず前向きです、「奇跡は信じない人のところには起きない」などと。

こういう言葉を織りなせるかどうかが、単なる評論家でしかない人と、黙々とひたむきに生きる人との違いです。**言葉は、ひたむきに生きる人に加勢します。**

❖一つの愚痴は一度きりで、短く切り上げる

自分で何もしないのに、神に願いごとだけして、それで願いごとが叶う、そんな虫のいい話は昔も今もありません。**自分で自分を奮い立たせる、そしてそれを言葉にして、その実現のために、「今・ここ」で行動を起す。これが現代の「言挙げ」です。**

自分がうまくいかないのは周りのせい、自分を評価しないのは上司に人を見抜く力がないからだ、自分が幸せでないのはこの世の中が悪いからだ、こんな言葉を聞き届ける神もいなければ、人もいません。**自己検討をいっさい捨てた不平不満、愚痴、悪口といった恨み言**は、自分の心を病気に追いこんでいることと同じです。それを何度も長く続けることは、ますます病巣を広げます。

しかし、そうはいっても「おぼしきこと言はぬは腹ふくるるわざ」で、吐き出したいことをそのままにしていますと、ストレスがたまります。聞いてくれる人がいることは幸いなるかなで、愚痴ることがあってもいいでしょう。だが、あくまでも一つの愚痴は一度きりで、短く切り上げることが賢明です。

これらの否定的な言葉の数々は、人を貶めているようで、実は自分自身の健康な神経細胞へウイルスを送り続けているようなものです。それよりも自分の未熟な部分を気づかせ

てくれたことへの感謝、言いたくもないことを言わせてしまったお詫び、自分よりもっと不幸せなはずなのに明るく協同して生きている人たちへの気づき、こういったことを言葉にすることがいかに、自分の士気を高めることになるかを考えたいものです。

いや、それ以上に、そういう言葉が言えたら、今までになかった風景がそこに出現すること請け合いです。

そして、自分の殻を破って社会的に・組織的に・家庭的に何かをし始めれば、その面白さに気づくはずです。**人が人のために何かをすることは、自分のために生きることでもあり、そこで感じる「幸せ感」ほど、安らぎや充実感のあるものはありません。**

ともすれば否定的な気持ちになり、それを否定的な言葉にしてしまいそうになった時には、「ちょっと待て！」です。そこで生まれる「間」のありがたいことは、自分を客観的に見つめ直す時間を与えてくれ、必ずそれをくつがえす肯定的な言葉を頭に運んでくれることです。そして、その言葉を口にした瞬間、胸に潤いがもたらされ、そこから出る言葉にも潤いがあります。

潤いのある言葉は、自分ばかりでなく、周囲の人の背中を押すことにもなり、双方の心を満たします。

❖「今・ここ」を楽しく生きる姿は感染する

小・中学校では、教師が生徒に与える影響は大きいものがあります。明るく元気な学級の背景には、教師の力が働いています。そういう生き生きとした環境で勉強や課外活動をするか否かでは、生徒の学校生活の想い出に大きな開きが出てくるのは当然でしょう。

ＯＥＣＤ（経済開発機構）の調査では、三十三の国と地域の中で、日本の中学校の教師の勤務時間が最も長いという結果が出ています。チリやイタリアの一週間当たり29時間台に対して日本は53・9時間といいます。その四分の一が課外活動指導（平均7・7時間）や事務処理（5・5時間）に割かれているという実態です。これだと、本来、教師が生徒たちに見せるべき学ぶことの楽しさ、生徒たちと語ること・遊ぶことの楽しさの姿を示すことができず、不機嫌な顔で生徒に接する場面も出てくるのではないかと心配になります。

そういう不機嫌な態度で、生徒たちに「今勉強していないと、将来大変なことになるよ」などと教訓するだけでは、勉強することの楽しさ、将来生きることの意味が教師の姿から発散されるはずもありません。笛吹けど躍らずという言葉がありますが、楽しいリズムでなければ体は反応しないのは当然のことです。

それと一緒で、士気を高めようとする人自体が、意気軒昂で、いつでも動き出そうとする雰囲気を言葉にもつ必要があります。踏み出した右足の親指をピンと立てた、奈良・法華寺の国宝十一面観音像のように、です。言葉の空回りは、話すほうにも聞くほうにも消耗する時間をつくり出すだけです。教師が、**君たちと「今・ここ」にいることが楽しい、君たちにこれを教えるのはうれしいという気分を発散させれば、その気分は生徒たちにはすぐに感染していきます。**そうではなくて、「今・ここ」で充実して生きることを手放していくら将来を語っても、それは中身のない空疎な言葉が飛び交うだけです。

話し方のワンポイント

【士気を高める言葉】

① 感謝する言葉　…「君の助けがなかったらできなかったよ」
② ねぎらう言葉　…「あのピンチをよく乗り切ったね」
③ 認める言葉　…「君がいたからこそできたこと、みんなそう言っているよ」
④ ほめる言葉　…「今度、私にもぜひ教えてください」
⑤ 励ます言葉　…「私にも同じような失敗が何度もありました」
⑥ 勇気を与える言葉　…「われわれとスケールが違いますね」

第2章

ブレない話し方

～頑固と断固は大違い

最近、ブレないことがカッコイイとして話題になっているせいか、「オレは昔から魚や野菜は食わないし、肉専門です。ブレない男ですから」と真顔で言う人がいます。これは単なる偏食家であって、将来病気にでもなればいの一番にブレる男でしょう。

これは論外としても、ブレない生き方、ブレない話し方をする人は実に好感がもてます。では、ブレないとはどういうことをいうのでしょう。

「ブレる」という言葉は「揺れる」からきています。文字どおりにとると、「ブレない」は揺れないということになりますが、しかし、「ブレない」は必ずしも揺れないことを意味してはいません。揺れてもいいのです。柳は大風に吹かれた時に、幹や枝葉は風のなすがままに揺れますが、大風が収まると、また何事もなかったかのように元の姿をスックと現わします。それは根が微動だにしていないからです。もし、大風のもとで枝葉が揺れまいとして踏ん張ると、枝葉は折れますし、場合によっては根こそぎ倒れることもあります。これでは、幹が死んでしまって何にもなりません。巨木のヒマラヤスギは意外と風雨に弱く、根こそぎ倒れることがあります。幹の高さに比べて、根のひ弱さが目立ちます。これと同じで、**ブレないとは、相手に合わせて揺れながらも、しっかりと自分を保つということです。**

それは〈頑固さ〉と〈断固〉の違いにも似ています。頑固さは、人の言うことや情勢の変化などを無視して、それまでの考えや態度を守ろうとすることです。一方、**断固は、きっぱりとした意志をもっていて決意の変わらないことで、**柔軟性があります。周りの状況や相手を無視して突き進もうとするのが頑固で、意志を大事にし、その**意志を貫くための方策をその場に応じて変えることもあるというのが断固です。断固たる態度をとる人は尊敬されます**が、頑固者は嫌われます。

では、本当の意味でブレない話をするにはどうすればいいのでしょう。それには、

①　**信念をもって**
②　**ゆるぎない説明力で**
③　**頑固さではなく断固に、しかし柔軟性をもって**
④　**先行意見へ敬意を払いながら**
⑤　**自分の言葉で話す**　ことです。

❖「ブレない」ことは揺れないことではない

江戸時代、江戸の牢獄が日本橋小伝馬町にあったことをご存じでしょうか。現在はその場所は公園になっていますが、明暦年間（1655〜57）、ここには百二十余人の囚人が拘束されていました。「火事と喧嘩は江戸の花」と言われるように、江戸は火災によく見舞われました。中でも大きかったのが、明暦三年（1657）正月十八日に発生した、**通称「振り袖火事」といわれる大火事です。**江戸市中の大半が焼失し、死者は十万余人にのぼったほどの未曾有の大惨事でした。

火の手が、ここ小伝馬町の牢獄にも及ぼうとした時、**牢屋奉行の石出帯刀吉深《いしでたてわきよしみ》は、囚人を牢獄から解き放とうと決心しました。**牢の開閉の権限はもちろんのこと、カギも町奉行が握っていて、自分には何の権限もないのに、牢の錠前を打ち壊し、囚人全員を牢外に引き出したのです。そして、言いました。

「オマエたちは、このままだと焼き殺されることは間違いない。それは誠に憐れむべきことだし、ここで殺されることは残酷だ。だからすぐにオマエたちを解き放とうと思う。足に任せてどこへでも逃げるがいい。しかし、命が助かり、火事が収まったならば、拙者が逗留することになるだろう下谷善慶寺まで帰ってこい。この約束を破らずに帰ってきたならば、拙者はわが身に替えてでも、オマエたちのことをお上に進言し、罪一等を減ずるようにしたい。ただし、この約束を踏みにじって帰らなかった場合は、雲の果てまでも追っかけて捜し出し、オマエたちばかりでなく、その一族の者まで成敗するからな、いいか」と。

その結果はどうであったか。囚人たちは全員約束どおり、石出帯刀の指定した寺まで舞戻ったのです。石出帯刀は彼らの義に感激し、自分の独断専行に対する厳しい処分を覚悟の上で、南北両奉行に報告しました。時の奉行は南が神尾《かみお》越前守、北が石谷《いしがい》左近将監《さこんしょうげん》という二人、どちらも誉れ高い旗本で、石出の処置を是とし、早速、その上位職である老中に上申しました。

三人の老中もまた、石出帯刀の決断を称え、彼の嘆願どおり、罪人たちは無罪になったといいます。そして、明治初年（1868）、日本が欧米にならって法律を整備した際、いわゆる「監獄法」が制定されましたが、この江戸時代の慣例が採り入れられ、その精神は現代の法律まで受け継がれています。

この話を聞いて、石出帯刀は、意志堅固な人だと思うでしょうか。結果を見ればそのとおりですが、内心は大いに揺れていたと思います。揺れながらも一念を貫いたのです。

❖話し方は生き方を反映する

石出帯刀の決断の**根っこにあったものは、人の命に対する愛おしみであり、それに対してはブレはなかった**と思われます。同時代人で仮名草子作家の浅井了意は、これを耳にし、「このことを聞いて人はみな、石出帯刀という男は、非常に〈情け〉のある人だ。また囚人にも〈義〉があり、それを赦した老中にも〈仁〉がある」(『むさしあぶみ』)と高く評価しています。人の真価は、非常時に至ってその姿が現われるものです。

話し方をいつも生き死にを考えてやっていては、大変なことですが、相手との間につくり出される状況は常に読む必要があります。その時、その場の状況が緊迫したり、**重大事が予想されたりする場合、発言の根っこをどこに置くか**ということです。この話で、石出帯刀が自己保身の道を歩み、決められたとおりの処置をしていたら、百二十余人の命は奪われていたにちがいありません。人はだれも自分の命が最も大事なように、それは囚人にあっても同じことです。だから、石出帯刀は置かれた自分の身分を超えて、人の道を選んだのです。ブレるブレないは軽々には言えませんが、日頃から、**人としてのあるべき道を考えながら、その筋道から外れない生き方の訓練が大事になってくる**ということでしょう。**話し方は生き方とともにある**ということです。

❖信念から出た言葉には揺るぎがない

夏目漱石のエピソードですが、彼に文部省から博士号を授与したいので出頭しろとの伝達が来た時のことです。漱石はカチンときました。国が文学に序列をつけることに対して抵抗感をもったからです。漱石は今までどおり、「夏目なにがし」で世を渡っていくつもりなのでと言って断りました。すると文部省はもう決めたことだからとなかなか引かず、とうとう学位を送ってきました。

しかし、漱石はそこでも断固としてとして自分を貫き、「小生の意志に逆らってお受けする義務を有せざることをここに言明したします」といった書状を送り、最後まで断り、終生「夏目なにがし」で暮らすという信念を貫いたのです。

これに対して親戚縁者、友人などは様々な反応を示しました、「いや、痛快だ」「大人げない」「金ちゃんは変わり者だ」等々。それでも漱石は自分の意志を通しました。彼は**頑固さからではなく、断固たる自分の信念で自分の考えを貫いた**のです。

明治四十四年（１９１１）のことで、明治国家の風格も高まり、国からのものは押しいただくような時代です。それなのに名誉よりも作家という自分の仕事をとったわけで、真似のできるものではありません。彼は徹頭徹尾、ブレない生き方を貫いたということです。

❖何かに打ち込んでいる人の言葉はブレない

人はそう強い存在ではありません。障害にぶち当たると迷います。しかし、その時、そこから目をそらしたり、逃げたりしないことです。特に人とチームを組んで仕事をしている人は、人のためにと思う考えが台頭して、迷いを絶つきっかけをつくれます。

あの女子サッカーの日本代表・なでしこジャパンで主将を務める宮間あや選手は、こんなことを言っております。「**朝、目が覚めた時、もしその日一番やりたいことがサッカーじゃなかったら、私はその日のうちに引退する**」（『世界一のあきらめない心』）と。

これこそブレを感じさせない言葉です。自分を選手として支えてくれているのはサッカーです。それ以外に心を奪われることは、プロ選手としてファンへの裏切りにもつながります。そこまでの覚悟がにじみ出ている言葉です。

平成二十三年（２０１１）、ワールドカップのドイツ大会で、日本は、最強チームのアメリカを激闘の末に下し金メダルを獲得しましたが、その陰には宮間選手のブレない敢闘精神がありました。常にリードするアメリカ、追いつく日本。そのたびに歓喜する選手。宮間選手はそれを制し、すぐに次の体勢へと頭を切り換えました。これが奇跡的な快挙を呼んだのです。**ブレない言葉の裏には、ブレない日々の精進・努力が裏付けされています。**

❖ブレないとは、「我」を通すことではない

ブレないことと、一度言い出したら、聞かない・引かないこととは違います。話し合いで自分の主張を曲げない・収めない、これはごねる・すねる・いじけるの類であって、その後の評価に汚点を残すことになります。場合によっては、会社では部署をはずされたり、家庭・友人にあってはなかなか仲間に入れてもらえなかったりすることも出てくる可能性があります。**人は一人では生きていけないし、生きてもいません。**確かに引くことを理不尽に思うこともあるでしょうが、チャンスはその時だけとは限りません、時節というものがあります。引いたことが時節を有利に展開させることもあります。**ブレないことは、自分を硬直化させることではなく、柔軟性をもつことです。それは優柔不断とも異なります。**

歌舞伎で助六が、吉原妓楼三浦屋の前で、両裾をまくりあげて「股ァくぐれ」と粋がります。虚勢です。自分の強さ・かっこよさを見せつけるためです。これは漢の武将・韓信の股くぐりの真似ですが、韓信はいきがりの助六と違って、確たる処世術を持っていました。それを貫くためなら、少年の股くぐりの挑発にも応じたのです。「恥は一時、志は一生。ここでコイツを斬り殺したところで、仇持《かたきも》ちになってしまうだけだ」と。

❖ブレない話し方には二通りの場合がある

ブレない話は、このように信念に裏付けされている場合のほかに、具体的に人に接している場合にも発揮されます。それは話の展開にぐらつきがないということです。

たとえば、あることを人に説明する時に、それが発揮されます。**説明とは、原則として、相手の分からないことを、分からせるためにする話のこと**です。それがブレないとは、どんな質問がきても、あいまいではなくしっかりと返答できるということです。不明なことは不明であるとはっきり言えることです。そのためには、用意周到な事前準備が必要になります。第一はストーリーづくりです。ストーリーで大切なことは行き先を示すことと、そこまでのフローチャートをつくることです。そして、次にすることは、

① **説明に必要な事実やデータを集めて、確かめておくこと**

② **説明内容をしっかり把握し、簡潔な形に整理すること**

③ **そして相手の理解力に応じた説明方法を考えること**

です。

それには、普段からの人間関係がものをいいます。日々の生活の中で人への気配りチェックを行なっていれば、それが積み重なって、会社であれば、同僚・上司との人間関

係につながっていきます。だから、ある企画案を理解してもらう場合も、説明がゼロからということにはなりません。しかし普段の人間関係をいい加減にしていると、受け入れてもらうまでのハードルが高くなり、せっかくの企画もなかなか通りません。企画したがために感じられるハードルの高さ、これは普段の人間関係の希薄さの反映です。果ては、その高さに戸惑いを覚え、「面倒だから、やめとくか…」ということにもなります。
「ふだん」は、もとは常日頃の「普段」ではなく、「不断」と書いて、絶え間なく継続して行なうという動的な意味合いの言葉でした。意志のある「不断」の気持ちを込めて、日々人への気配りチェックを実践すると、それはブレない話し方につながっていきます。

話し方のワンポイント

【普段から人間関係のチェックを】

① いつも自分から先に相手に声かけをしているか
② 話し合いの時に、人の意見をしっかり聞き、内容を理解しているか
③ 生約束をしたり、できるのに面倒がったりしていないか
④ その場しのぎのイエスマンを演じていないか

第3章

本気の話し方

～強い人の話は優しい

よく「私は本気です」と言う人がいます。本人がそう言えばその人は本気でしょうか？そう単純なものではありません。本気を感じさせるものが、言葉以外の行為の中に現われていることが大事です。会社などで同僚を見渡しても、上司に敬語を使わないなれなれしい人、言い訳が目立つ人、人のうわさが好きな人、こういう人の本気度はかなり低いものがあります。

一方、話を聞いていて、「あっ、この人の話は本気だ！　真剣だ！」と感じる時がありますが、それはどういう時でしょうか。一途に「一つのこと」をなそうと神経を集中させているなあと感じる時です。そして、できることなら力を貸してほしいと思って話している時です。その時の「一つのこと」は大概、自分を越えた何かです。それをしたい、できたら理解、協力を望んでいる時に、人の話は「本気」を帯びます。人は今の自分のためだけでなく、自分以外のあるもののために真剣になるということが多いものです。その時の気持ちが「本気」です。人の話が本気だと思った時、彼がそれまでにかなり継続してそれに力を注いでいただろうことに気づくものです。

子どもが本気に話そうとしているのに、その本気度をはかろうともせず、親が自分の経験則を絶対視して、とんでもない親子関係になってしまうことが珍しくありません。本気を感じた話には本気に対応することです。威儀を正して聞くことです。その子の言動を振返って見て、継続性に気づいたら、もうそれは親子といえども、対等です。

本気の話をする機会のない人、それを避けている人の人生は、人間関係を希薄にしますし、幸せ感の何たるかを味わえないことにもなります。「オレは一生懸命生きているから、それで満足」という人もいます。しかし、**一生懸命で生きることと、本気で生きることとは、違います**。人の命令に忠実になった時にも人は一生懸命になりますが、本気には自分の意志が入ります。時に本気にならないと、人からの信頼は得られません。

では、本気の話をするとはどうすることなのでしょうか。それは、

①　**聞いてもらいたいと思う「何か」がしっかりとあり**
②　**それは客観的にみても、価値のあるもので**
③　**同時に真心から出たものであることを確信したら**
④　**自分を信じ、されど気負わず、情熱をもって**
⑤　**声に心を添えて、筋道立てて、話す**　ことです。

❖「本気ですれば　大抵のことは出来る」

小惑星イトカワから採取した物質サンプルを地上に持ち帰るという人類初の宇宙往復飛行を成し遂げた探査機「はやぶさ」、その時のプロジェクトリーダーが川口淳一郎さん（JAXA教授）です。彼は挫折しそうになった時、次の言葉によって励まされたといいます。

「本気」

本気ですれば　大抵のことは出来る
本気ですれば　何でも面白い
本気でしていると　誰かが助けてくれる
人間を幸福にするために　本気で働いているものは
みんな幸福で　みんな偉い

これは、社会教育家の後藤静香《せいこう》さん（昭和四十六年没）の詩です。川口さんは、具体的に研究開発を進めていく途上で、この詩句の一行一行の真実を確認していったにちがいありません。**本気には本気になる「何か」が必要になります。そしてその「何か」を成し遂げるために取り組む気持ちが本気の正体です。**川口さんにあっては、重力圏外の小惑星にロケットを着陸させて物質を採取し、地球に持ち帰ること、それが「何か」でした。

❖本気の話の根っこには使命感がある

その過程で、できないと思っていたことが、グループの英知を集めれば「大抵のことは出来る」ことを知り、本気で打ち込めば「何でも面白い」と実感したにちがいありません。そして、本気でやっていれば、思いもかけない人たちが次々と現われて、「誰かが助けてくれる」という経験もしました。どうしてこんないい形が周囲にできてくるのか？　それは自分のためにではなく、「人間を幸福にするために　本気で働いている」からでしょう。そんな「もの（者）」は「みんな幸福で　みんな偉い」、そう自負していいものであるにちがいありません。

彼は言います、「研究者は演奏家のようなもの。レッスン（＝教育）だけを受けていると、難しい曲を演奏することをゴールと勘違いしてしまう。観客（国民）に支持されるような演奏（研究）をするのが正しいわけです」と。自分が研究するのは何のためか。自分が興味をもっている研究分野で実績を残すためではなく、もっと大きい人類の本当の幸せのためではないかと言います。

本気の話し方というのは、その言葉の根ざしているところが、ある種の使命感を帯びていることです。自分の殻に閉じこもった話からは本気がにじみ出ないということです。

❖本気は世界を変え、自分を変える

坂村真民さん（平成十八年没）にも「本気」と題する詩があります。

「本気」

本気になると
世界が変わってくる
自分が変わってくる
変わってこなかったら
まだまだ本気になっていない証拠だ
本気な恋
本気な仕事
ああ
人間一度
こいつを
つかまんことには

本気になると、どうして世界が変わり、自分が変わるのでしょうか。それは、あることをしようと思って、それをじっと見ていると、今まで見えなかった世界が見えてくるからです。見えなかった世界が見えると、自分の価値観が相対化されます。自己中心的なものの見方がはたして正しいのか、その検討を迫られることになります。

そして、時には自分のものの見方・考え方の小ささ、偏りなどに気づかされて愕然とします。自分の世界観・自分の価値観の修正、あるいは、目からうろこで、時にはそこからの大転換を強いられます。

感動したらその感動の傍らに寄っていく。これがいつも自分を新鮮にします。人はだれでも新鮮なものに魅力を感じます。新鮮さは言葉をも新鮮にしてくれます。「新しい酒は新しい革袋に盛れ」で、**新しいものに接して新しくなったものの見方・考え方は新しい言葉とともに誕生します。**そして人は、新生された言葉に人の誕生と同じような愛撫の情を抱くものです。

人は思います、この人はいつも「ひと・もの・こと」に本気で当たっているから、本気の話ができるのだ、と。それは今まで、彼の口から聞けなかった言葉によって察せられます。十年一日のごとく手垢にまみれて、磨きをかけない言葉を話す人と明日もまた過したいとはだれも思いません。

❖紙の言葉の棒読みに生気はない

色々なところで、紙に目を落としながらの記者会見や謝罪、祝辞などの場面が見られますが、その声には力がありません。目が下を向いているから、聞く者に訴えかける力に欠けるのは当然のことです。**声に心が添えられていないのです。**ましてや事故を起した会社の謝罪で、「被害者のみなさまには心よりお詫び申し上げ、できる限りの補償をしていきたい」と、一字一句間違わずに、メモの文面をなぞっているような言葉を耳にすると、これからの交渉に対する不安ばかりか、会社の信用性まで疑いたくなります。

それに引き替え、この五月に八十九歳で引退した文楽の竹本住大夫《すみたゆう》（七世）の語りには、床本《ゆかぼん》を前に置いた虚構の世界ですが、観客を舞台に引き込んでいく力がありました。『菅《すが》原伝授手習鑑《わらでんじゅてならいかがみ》』の「桜丸切腹の段」で、桜丸の固い決意を知った父白太夫と桜丸の妻八重のセリフを語る声は、観衆をとりこにしました。切腹を止めさせようと、桜丸にしがみ付いて必死に懇願する妻の八重、それに向かって「泣くなィ〜！」と絞り出す父親の制止の声、応じる八重の「アァ、アイ〜」の声…。聞く者はみな、目頭を押さえます。**ここはぜひ聞いてもらいたいという世界が住大夫の中にある**からです。虚構の世界でのこの迫力を聞くにつけ、世のリーダーたちの声に本気不足を感じないわけにはいきません。

❖本気は声に出る

苦労して芸を磨き込んだ芸能人たちが参列する結婚式などでは、時としてすばらしいスピーチが誕生することがあります。

その一つが東貴博・安めぐみ夫妻の結婚式での伊東四朗さんのスピーチ。東さんの父で喜劇役者の東八郎（故人）と親交が深かった伊東さんは、乾杯のスピーチでこう切り出したのです。「今日はまだ八ちゃんが会場に来てないんだよ…」。そして続けます、生前の八郎との思い出を。普段から芸熱心で、遅刻などしない八郎が珍しく遅れてきた。どうしたと尋ねたところ、弾けるような笑顔でこう答えました。「息子が生まれたんだよ！」。あまりのうれしさに、会場を間違え、遅刻したというのです。この息子が新郎の東貴博さん。そして伊東さんはすかさず、「八ちゃんが遅れてきた。うれしさのあまり、また部屋を間違えたんだな…」。キョトンとする会場…。すると伊東さんは、「八ちゃん、グラスもてよ。じゃ、みんなで乾杯しよう！」と続け、彼の視線は新郎と新婦の間の「まぼろしの八ちゃん」に向けられていました。伊東さんの音頭で乾杯、多くの参列者の目から涙が溢れたといいます。いるはずのない故人をいるかのように着席させた**声の演出、それには生気があり、単なる演出以上の本気を感じさせた**にちがいありません。

❖本気の言葉は逃げたい人を呼びもどす

二〇一四年二月に行われたソチ・オリンピック。フィギュアスケート女子シングルフリー。浅田真央選手は前日のショートプログラムのショック（16位）を引きずっていた。そこで佐藤信夫コーチは三十四年前の話をしました。高熱を出し、棄権を考えていた教え子（松村充）に、「競技中、お前がぶっ倒れたら、俺がリンクに入って助けに行くから安心してやって来い！」と檄を飛ばし出場させたところ、自己最高点を上回る点数で入賞した話を浅田選手にしました。黙っている浅田選手に、佐藤コーチは「（昨日のことは忘れて）死ぬ気でやってこい！　またトリプルアクセルで失敗してぶっ倒れても、足が折れても頑張れ！　何かあったら助けに行くから！　競技中にリンクに入れば審判団から叱られ非難を受けるだろうが、何があっても先生が助けに行くから！」と激励し、背中を押したのです。

コーチの言葉の裏には、苦い経験からの信念と客観的な自信がありました。

浅田選手は覚悟を決めました、「昨日のようになっても、とにかく跳ぼう」と。その数時間後、トリプルアクセル成功の右足がソチの氷上に見事に降りたのです。コーチの本気の言葉は、消えかかっていた浅田選手の灯を燃え立たせました。**本気の言葉は、逃げたいと思っている人をもう一度留まらせ、今まで以上の力を生み出させる**こともあるのです。

❖情熱のオーラを生み出す三つの「どれだけ」

　本気はそれを言う人の気持ちの中に閉じ込められたままでは、本気かどうか判断がつきかねます。何か目に見える形で表わす必要があります。その「何か」は、やろうとしていることに**賭ける情熱です**。**情熱のオーラです。情熱は、単なる言葉の勢いではありません。**その情熱を発露させるには、少なくとも三つの働きが必要です。

　その一つは、それに向けて**どれだけの手間をかけているか**ということです。二つ目は、**準備にどれだけの時間を使っているか**です。人には色々とやらねばならないことがあります。勤め先での仕事のこと、家庭のこと、近所・友人との付き合いのこと、同好グループの役員のこと…など。それらの中で、準備に割く時間をどれだけ取っているか、できない弁解をしていないかなどを検討することです。三つ目は、**どれだけのお金をかけているか**ということです。調査、資料集めにはどうしても費用がかかります。関係する本を買うこと、調査収集のために出掛けること、専門家に話を聞くこと、講演会に出席するなどへの可能な限りの出費を惜しんでいないことです。

　本気の「何か」に、この三つを賭けている人の話には、力のこもった情熱が感じられますし、話も、その人が紡ぎ出した新鮮な「自分の言葉」で本気に語られます。

❖「狂気の沙汰」と「稚気の沙汰」

本気は情熱によって表わされるといいましたが、情熱的であれば、その「する」ことは何でもいいのかといえば、そうはいきません。当然のことに、「する」ことの中身が問題になります。殺人容疑で捕まった男が、警察の取り調べに対して、「本気で殺す気でやりました」などと報道される時がありますが、こんなところで本気という言葉は使ってもらいたくありません。まさに「狂気の沙汰」です。本気は、何かよいことを達成する時の気構えに使う言葉です。本気で働く、本気で勉強する、本気で人のためになることに打ち込む、などです。ギャンブルを本気でやるという人の本気もいただけません。

では、こういった言葉はどうでしょう? 国家の将来を担う国家公務員のキャリア組が本気で「天下りができなくなって、キャリアも魅力が減った。高給をもらえなくなるんだからなあ…」と言う。また、優秀といわれる大学の学生が、「日系企業よりも外資系の企業の方が、企業名がカッコイイから、オレそっちに行く」などと語っていたとすれば、いかに本人が本気と言っても、その本気は自分の満足を目論んでいるだけで、寂しい限りです。戯れ、冗談、あるいは遊び心で言っていれば、これはまあ、救われますが、真面目に言っているとすれば寒々しい限りで、「稚気の沙汰」というほかありません。

❖本気には「間」を。相手の入り込む余地を。

少人数で話していて、本気があまり前面に出てくると、聞き手は息苦しさを感じる時があります。というのも、本気のあまり、話す側の一方的な話になりがちですから、聞くほうは胸苦しくもなります。話の途中での息抜きと相手の時間をつくることが大切です。

「こんなことを言っても、私にも失敗が多くありまして…」と、自分の弱みを出して相手を上位に置くようにしたりします。そうすると、相手も「自分もそんなことはよくありますよ」と、語り出すきっかけづくりになります。そして今度は自分が聞き手の側に回ります。そうするとそこにくだけた雰囲気が醸し出されて、本気度が通じやすくなっていきます。**本気の話は、気負わず、されど情熱をもって**ということになります。

話し方のワンポイント

【〈間〉はなぜ必要なのか】

① 雑談・会話・対話においては、聞き手のことを考えていることを示すため
② 聞き手に考える時間、これからも持続して聞こうという意欲を与えるため
③ 自分の話に不明や矛盾のある箇所をつくらないため

第4章

より相手に伝わる表現の仕方

～具体と抽象、その兼ね合いとリズム

上方落語家の桂文珍さんの師匠は桂小文枝さん（のちの五代目桂文枝　平成十七年没）です。弟子の文珍さんが師匠に落語を教わろうとして尋ねた時の会話。

「師匠、ここはどうしたらいいのですか？」

「そこはな、プワーッとやるんや。で、ここはパーッといってシュッとやると、ドッカーンとウケる」

プワーッ・パーッ・シュッ・ドッカーン…、まんが愛好家にはおなじみのオノマトペ（擬音語・擬態語）の連発。こういう師匠のもとでよく上方落語の第一人者が育ったものだと思いますが、まさか教え方のすべてがこれであったわけではありますまい。しかし、いずれにしても抽象的な表現の最たるものです。

「その川は大きな川で、両岸の山は緑一色…」という表現は、小文枝師匠の言葉よりは抽象度は高くありませんが、聞いただけでは、どこにあるどの程度の川で、どんな様子をしているのか、聞く人はなかなかイメージできません。これを「その川は日本の最後の清

流といわれる四万十川。全長一九六キロメートルにもおよぶ四国最長の川で、春は様々な緑に染まった山々が連なり、鳥ばかりでなく、カエルの鳴き声まで聞えてくる…」と説明すると、一気に具体的な表現になり、行ったことがない人も、臨場感を覚えるでしょう。

しかし、逆に四万十川をよく知っている人に話すとなると、少々くどすぎます。詳しく話さなくても分かり合えるものであれば、こちらのほうが有効です。

「おいっ、アレはどうなった?」「ええ、ソレはこうなっております」。こういったアレソレ問答は、第三者から見ると抽象度が高すぎて、何も分かりませんが、普段からコミュニケーションがとれている二人にとってはいちばんいいスタイルともいえます。これが飛び交う家庭や会社は、心の通じた人間関係が保たれているといってもいいでしょう。

では、より相手に伝わるような表現にするには、この具体的な表現と抽象的な表現との関係をどう考えればいいのでしょう。それは、

①　まず、話す相手との関係が普段どうであるのか
②　かなり親しい関係であれば、抽象度を高め
③　あまり親しくない関係であれば、話題についての認識度をはかり
④　知らないことは具体的に、知っていることは抽象的に
⑤　その度合いに伸縮度をもたせて話す　ことです。

❖具体的な表現と抽象的な表現

「具体的な表現」というのは、その言い表わし方によって聞き手が、頭の中に、対象物をはっきりとイメージできる表現のことです。解釈のパターンが限られますので、聞き手が話し手と同じ内容の理解ができ、お互いの誤解が少なくなります。

一方、**「抽象的な表現」は、お互いの理解度を考えて、共通認識の濃い部分を省略しながら話す表現のことです。**しかし共通認識の薄いところではあいまいな表現になってしまいがちです。話し方は、この二つの表現方法を状況に合わせて使い分けていくと、単調ではなく、話題に濃淡をもたせることになり、話も続きます。

「テニスの錦織圭選手が世界ランクのトップテン入りした」というニュースが流れて、日本人みんなが「すごい！」と賞賛の言葉を発しました。しかし、この情報をもう少し具体的に表現すると、さらにそのすごさが浮かび上がります。男子のプロテニス選手がどれくらいいる中でのトップテンなのかですが、約二千人の中での十位なのです。そして、さらにこの数はプロの大会に出て、「世界ランキング何番」という順番がついている選手だけの数字です。それも三大会以上出場しないとランキングがつきません。この他にランキング以外のプロ選手も多くいるわけですから、途方もないプロ選手数ということになり、十位がいかにすごい数字かということが浮かび上がってきます。

❖言葉の抽象度は聞き手との条件で決まる

「多趣味だそうですね、どんな趣味をお持ちですか?」と訊くと、「最近は、山登りに凝っていまして」。「どこにいらっしゃいました?」と突っ込むと、「槍ヶ岳。あそこは鎖を使って登るところがあってね、なかなか」と事もなげに返事を返す七十五歳の男性。飛騨山系に聳える標高三一八〇メートルの北アルプス第二位の高峰です。尋ねたほうが、東京近郊の標高五九九メートルの高尾山程度をイメージしていたとしたら、大きな違いです。この「多趣味だそうですね」の趣味などは抽象的な表現です。無趣味な人とは区別できますが、それ以上ではありません。話し手と聞き手では具体像に大きな差を生じたことになります。

こういう抽象的な表現が、具体的に表現されていくと、驚きの度合いが何倍かに跳ね上がってきます。そして、それは事実をはっきりさせるばかりでなく、その言葉を発した人への認識の見直しにつながっていくことにもなります。

同じ趣味の「山」の話でも、相手のほうが数段上だなあと感じたら、相手の経験を傾聴するような聞き方をすると、喜ばれます。しかし、答える方も、あまり得意にならずに、ほどほどを心がけることです。そうれば、関係が深まっていきます。

❖興味が一致すれば具体的に、そうでなければ抽象度を高めて

「私、動物好き」「あら、私も！」と言うと、二人の話題が意気投合したように聞こえますが、話は進めてみないとわかりません。動物といっても様々です。飼うのが好きな人、見るのが好きな人。大きな動物が好きな人、小動物が好きな人。イヌが好きな人、ネコが好きな人…。イヌ好きとネコ好きでは、嗜好にだいぶ隔たりがあります。イヌ好きの人はイヌの忠実さが好きだと言いますし、ネコ好きの人はネコの気まぐれさが何とも楽しくてたまらないと言います。

ある調査によりますと、イヌ派の人は社交的・ポジティブ思考、ネコ派の人は人見知り・ネガティブ思考などと分析しています。しかし、同じイヌ派でもチワワが可愛い派と、ドーベルマンが可愛い派ではその話に溝ができることも考えられます。

趣味は、対象としているものが違うと、ものの見方などに大きな幅があることが考えられますので、単なる趣味の話として割り切らないほうがよい場合もあります。

いずれにしても、話し始めてからの抽象度の調整が必要です。興味が一致する者同士であればより具体的に、そうでなければ抽象度を高めての話が、話の持続という点ではいいことになります。

❖抽象的な切り出しが会話を弾ませる

しかし、日常生活では、抽象的な表現で事足りている場合も多いものです。

「世の中って不思議ね」

「ほんと、そうね」

「私、この間、こんなことがあったの…」

と、意気投合したような話はよく耳にしますし、またそのような会話をしても、何の不自由も感じません。話を切り出した人は、何十年も会っていなかった友だちをふと夢で見たところ、ほどなく混雑するあの東京駅で偶然に、その友だちに会ったという話を不思議体験として語ります。一方聞くほうは、自分の母親が亡くなった日に、自分の子を授かったという偶然体験を思い出しながら相手の「世の中って不思議ね」に応じています。具体的事実は全く異なっても、お互いの「不思議」体験で、感情が通じ合っているわけです。

それはやがてお互いの体験を聞き合っていくことに発展し、話は具体的に弾んでいきます。二人ともが、共通の心理的土壌をもっていますから。このように、人は、抽象化された概念を聞いた時に、それに対応する具体的な事物をいつでも頭に思い浮かべることができる力を持っています。それは人間が言葉を通じた社会的な存在であることの証です。

❖具体的な表現と抽象的な表現、どちらにもいいところがある

具体的な表現と抽象的な表現、どちらがいいか悪いかという問題ではありません。**抽象というのは、「象《かたち》」を「抽《ひ》」き出すということ**で、いろいろな事物に含まれている多くの性質の中から、いくつかの事物に共通する性質を抜き出して一般的な概念をつくることを意味しています。この概念をつくり出すことができないと、人間は、個々の事物に執着して、物事を大きく括って考えることができなくなります。

私たちは、ある人を「画家」という時、その人の「絵を描く」という性質だけに着目し、それを抜き出して（＝抽象して）、後の性別・年齢・作風といった性質はすべて捨ててしまうのです。これを「捨象」といい、**言葉は、こうした事物の性質を抽象したり、捨象したりしてつくられます。**

皇族の高円宮妃久子さまは絵をお描きになる。ある時「芽生（メイ）」と題する絵を展覧会に出品なさいました。暗闇の中に不安げな白い犬の姿が描かれています。間もなく殺処分されるであろう犬です。動物愛護センターから殺される直前にお引き取りになり、いま宮家で名を付けられている犬、それが芽生です。家族の一員として大切に育てられています。この犬も種類から言えば一つの種、あるいは雑種というふうに抽象されますが、宮

妃は、ある一種の犬を取り上げたのではなく、不安げ・悲しげという犬の心を抽象して絵になさったのです。

また、川端康成の名作『伊豆の踊子』は何度も映画化されましたが、必ず出てくる場面があります。旅芸人一座と一高生（＝私）とが付かず離れずで、天城峠を下田に向かって歩く場面です。前を行く私に、後ろから踊子とその家族の会話が聞えてきます。

「いい人ね」

「それはそう、いい人らしいね」

「ほんとにいい人ね。いい人はいいね」

この「いい人ね」「いい人はいいね」という言葉は、抽象的です。私のどこを捉まえて出た言葉なのか、さっぱり分かりません。しかし、そんなことは、「孤児根性で歪んでいる」と思っている私にとってどうでもいいのです。世間でよく使われる意味で使われていることがうれしいのです。自分をある特殊な人間だと思いこむ過剰な自意識、そのための憂鬱、そこから解放されるには世間一般でよく使われる抽象度の高い言葉「いい人はいいね」が有効です。

このように**具体的な表現と抽象的な表現とは、その状況での使い分けが大事になります。**

❖あまり抽象的な表現に酔うと、問題解決が先延ばしになる

人との会話でなく、自分が自分に言い聞かせる言葉を、あまりに抽象的に表現していると、いつまで経っても行動力が湧き出ません。たとえば「私はダメな人間なんです。しかし幸せになりたい」と思う。これの繰り返しには、どこか自己陶酔的なところがあって、「幸せ」の道に一歩も踏み出せません。「ダメ」「幸せ」が抽象的な表現のままで、「ダメ」の中身、「幸せ」のイメージがないからです。自分をダメと感じた時の事柄をしっかり捉えていないのです。この把握がない限り、事態は動き出しません。

会社で上司に叱られたことが「ダメ」の原因だとすれば、それは何に対してなのか。報告の遅れか、企画の杜撰さか、はたまた顧客の獲得数の未達か、具体的に考えることです。上司は存在のすべてを否定しているわけではないのです。だとすれば、その一事を克服すればいいわけです。それを「私はダメな人間なんです」などと抽象的な表現をする。これは自分が直面している課題からの逃げです。チャレンジを先延ばしにしている証拠です。

このように抽象的な表現の甘美な雰囲気に飲まれて、現実から逃避していることがよくあります。こういう時は抽象的な表現にメスを入れて、現実、具象の世界を獲得していかなければなりません。それは具体的な表現を手に入れた時に可能になります。

❖聞き慣れない事柄は、まず大きく語り、後に細かく

聞き慣れない事柄を説明するには、まず、大きく概要を語って輪郭をはっきりさせ、次にその中に具体的要素を入れながら詳細に語っていくことです。そうすれば、だんだん事実を鮮明にでき、相互の共通理解も深まっていきます。いわば抽象的な表現の具体化です。

ラジオの番組で「一箱古本市」なるものが話題になっていましたが、「古本市」だから古本を売っている店が路上に並んでいるのだろうことは、想像がつきますが、問題は「一箱」です。主催者の説明で、「みかん箱一箱まで」を制限に、店名やＰＯＰを飾り出店するフリーマーケット型の古本市と判明しました。そこで様々な職業の人とお客が、新しいコミュニケーションづくりをしようというのが目的であることが分かりました。

話し方のワンポイント

【説明の受け方】

① 早合点せずに、最後まで聞く…知った人ほど早とちりする
② 全体と部分の関係をつかむ…全体像が分からないと人は落ち着かない
③ 不明な点は質問をする…説明者にも「穴」がある

第5章

さらに話力を高めるとっておきの表現

～話の品格を決める言葉遣い

人生、そううまくいくものではありません。なぜって？　自分ひとりで自由になる人生などというものはなく、必ず隣に人がいるからです。人がいればそこにまた新しい「ひと・もの・こと」との関係が発生します。自分が相手のことを読んでも、相手は必ずその読みのとおりに動くとは限りません。だから、何かをなそうとする時は、初めからうまくいくなどとは思わないこと、失敗はつきものだと思うことです。

しかし、そうはいっても、仕事で、家庭で、スポーツで失敗すると落ち込むものです。そして、その時かけられる言葉が、「もうあきらめなよ！」であるのと、「だんだん成功に近づいているんじゃないの！」とでは、大きな違いです。前者は人を傷つける言葉で、ますます心は沈みます。たとえ親や友人が慰めのために言ったとしても、それはもう恨みの言葉にしか響きません。それに引き替え、後者の言葉は人を励ます言葉です。

自分の周りに失敗して悔しさに俯いている人がいる時、家族でも、友人でもなかなか近寄りがたいものです。そういう時こそ、まずは無言でもいいから、温顔で近寄り、肩でも軽く叩いて、「世間の人が『オマエにはできない』と言っていることにオマエはチャレンジしているんだ。それほどの人生の喜びってないぞ」などとつぶやいてみます。それは相手にとっても、自分にとっても大きな飛躍につながる言葉になります。

また、それがスポーツでの挫折だとすれば、**「自分でやってみて『ダメだ』と分かったことと、初めから人に『ダメだ』と言われたこととは違う」**と、イチロー選手の言葉を話すのも、失意の人には大きな励ましの言葉になるでしょう。

他人が敗者の立場になると急に目線を高くして、垂訓のような言葉を吐き給う人がいます。こういう人は、失敗の心痛すら知らない、闘わない落伍者である場合が多いものです。だから、耳をふさぐのが賢明です。人を励ます言葉はとっておきフレーズの一つであり、傷つける言葉はNGフレーズの一つです。私たちはできるだけとっておきフレーズを語りかけ、NGフレーズは封印したいものです。そのためには、

① **人が置かれている心の状態を深く見つめ**
② **相手の気持ちに寄り添い**
③ **得意の時には喜びを、失意の時には励ましを**
④ **真心をこめた言葉で話す**

ことです。

❖「きびしい言葉」で発奮、「やさしい言葉」で一念発起

ＮＨＫテレビの番組『プロフェッショナル 仕事の流儀』が〈言葉の力〉を特集したことがあります。有名・無名を問わず、自分の人生にとって大きくプラスになった言葉が、それらの人たちの仕事ぶり・日常生活とともに紹介されるのですが、力になる言葉は人それぞれであることに驚かされます。きびしい言葉を自分の生涯の起爆剤にした人もいれば、やさしい言葉でどん底から這い上がった人もいます。

包装職人のＥさんは、とにかく生意気で、すべての不満を会社のせいにして、それをすぐに言葉に出します。あまりたびたびなので、上司が怒鳴りました。「**言いたいことがあるんだったら、ちゃんとやれ！　やることもやらないで何をぬかすか！**」と。このきびしい言葉を聞いて反抗的な態度をとるという方向もあったのでしょうが、Ｅさんは、しっかりと受け止めました。こんなに真正面から言ってくれる言葉を聞いたことがなかったからです。上司は、自分と真剣に向き合ってくれていると思ったのです。それからは曲折もありましたが、自分の仕事に目を向け、段ボールメーカーなどと粘り強い交渉を重ねた結果、わずか一年間で製品の大幅なコストダウンに成功したといいます。

また、現在、その同時通訳が世界一だと評判が高い長井鞠子さん。ある国際会議で、専

門用語をあまりの速さで話す外国人の翻訳について行けず、仕事を解雇されたことがあります。自分の存在価値までを否定されたわけですから、子ども時代からずっと活発で元気だった彼女は落ち込みました。それを察した母親は、彼女に手紙を書きました。その最後は「一心に、あなたらしく　母」と締めくくられていました。娘のことを心配する文言はどこにもありません。「あなた」はいつも一心に打ち込む人、その「あなた」をこれからも続ければ大丈夫だからと言っているのです。この言葉に勇気づけられた長井さんは一念発起、会議で予想される専門用語への準備を怠らず、邁進しました。その結果、今では外国人から絶賛される押しも押されもせぬ世界の同時通訳者として活躍しています。

これらの事例からも分かるように、人には常にやさしい言葉がよくて、常にきびしい言葉はご法度、ということではありません。**その人の性格、その場の状況などを見極めた上でのひと言がいかに大事かということです。**

もちろん、言葉の根底には、その人と一緒に歩もう、その人を育てようとする気持ちがなければなりません。そういう気持ちがなくて、ダメな人に怒気あらわに怒ったり、失意にある人に決まり文句の「がんばれ」を連呼したりしても、何の効果もありません。ひと工夫されたひと言、これだと思うひと言を、紡ぎ出したいものです。

❖世間の常識より、「自分の感覚」で話せ

「恐るべき槍より怖き舌の先　彼と我が身を突き崩すなり」といいます。時として槍よりも怖いのが人の言葉です。それは人を傷つけるばかりか、発した当人をも後々まで苦しめることになります。

三十代後半の女性が妊娠して喜び、友人にその旨を話したところ、その友人から出た言葉は「でも大丈夫？　念のため検査してもらったほうがいいんじゃない！」。妊婦はムッとしました。友人は、最近色々な機会にマスコミやネットでも採り上げられている高齢出産の赤ちゃんは障害をもちやすいことについて言及しているのです。友人が知っている程度の情報は当人も先刻知っており、その上での決断であるはずです。特別な情報ならばいざ知らず、**すでに常識になっている情報によって、もっともらしいアドバイスをしているのですが、聞くほうは気持ちのよいわけがありません。**

言葉それ自体は、何も間違ってはいませんが、言葉が「とっておきフレーズ」か、「NGフレーズ」かは、それがどういう状況のもとで話されたかによって決まります。「NGフレーズ」は当然、相手が直接に傷つきますが、その非を後に何らかの形で、「彼女、怒ってたわよ！」などと、他の人から知らされると、話した本人も苦しむことになります。

❖「三寸の舌で五尺の体をば　養いもする失いもする」

口にわずか十センチ足らずの舌がなければ、食べものの良否は選り分けられず、体を健康体に保つこともできません。舌は重宝なものです。しかし、この舌が食べもの以外で使われる時には注意しなければなりません。便利なものは同時に災いを招くの道理で、それは話す時の舌です。とんでもない言葉をつくり出して、聞く人の信用を失ってしまうことがあります。まさに「三寸の舌で五尺の体をば　養いもする失いもする」です。

あるプロ野球球団の春季キャンプでのこと、宿舎の夕食時、強打者で有名なT選手が食あたりを起こしました。すると、その球団のGMが「いつも、ええもんばっかり食うとるからや」という言葉を浴びせたのです。冗談であったとしても、選手を守る立場の人間が発する言葉とは思えないとT選手は憤慨し、それ以降二人の関係はギクシャクが続きます。

また、三十代の主婦が就活中、なかなかいい仕事が見つからず、思わず「仕事を探すの大変なのよね」と愚痴をこぼすと、それを聞いていた知人は同調するどころか、「資格もってないからよ」と切り返してきました。冷たい「胸刺し言葉」です。

口には税金がかからないとばかりに、人は口から出放題の言葉を吐いて人を傷つけることがあります。調子に乗っている時には一呼吸おいてから言葉を口にしたいものです。

❖「NGフレーズ」とは

映画やテレビで俳優の演技が監督の意に添わない時、ダメだしとして使われ始めたのがNG（No Good）なる言葉ですが、色々な分野に進出してきました。話し方では相手に言ってはならない、言うと傷つく表現一切のことを指します。様々な場合があります。

同じ内容の仕事を同じ時間帯で働いているのに、正社員と非正規社員とでは待遇に開きがあることが問題になっています。これは数字に出るものですが、目に見えない部分でも、非正規社員に冷ややかな言葉を吐く上司がいます。自分の癇に障るような仕事ぶりを目にしたとたん、「**オマエの代わりはいくらでもいるんだ！**」「**空気を読めよ！**」など。「空気を読めよ！」の場合は、気づかなかった自分を認めれば、納得するところもありますが、前者のような言葉は、非正規社員には震えがくるほど怯えるものといっていいでしょう。もし現実になれば、明日からの生活がなくなり、どん底に落とされたも同然なのですから。

「**派遣は責任とらなくていいからいいよな**」「**アンタ、この仕事に向いていないんじゃないの**」などという言葉も、正社員が非正規社員に、時として吐く言葉ですが、許されるものではありません。自尊心を傷つけることを通り越して、正・非の違いだけの嫌がらせで、自分たちの優越性を誇示する性格しか持っていないからです。

❖「とっておきフレーズ」とは

このような言葉とは別に、それが披露された時、聞いた人が自分のために用意されたものではないかと思い、オッと感心のため息をもらす「とっておきフレーズ」があります。

勉強はイマイチだけれども、運動会でリレーの選手に選ばれ、アンカーを務めて見事一位になったわが子を見た時、「すごいな！　あれだけ離されていたのに…、すごいね。走り方もきれいだったね」と、健闘を称える。この言葉は、子どもにはとっておきフレーズになりましょう。それが、いつも小言ばかり言っている親から出たとなると、なおさら子どもは感激し、さらに頑張ろうと思うものです。

オヤノコトネットが主催した『親からもらった、とっておきの言葉』コンテスト。そこで入賞した人の言葉にこんな言葉があります。「**生まれ変わったら、またお前たちの父ちゃんがいいなあ**」。投稿者が父親から実際にもらった言葉です。いつもは厳しく怖いと思っていた父親でしたが、弱い立場の人には惜しみない愛情を注ぐ、心根の優しい父親だと知るようになった頃、病に倒れあっけなく逝ってしまいました。この言葉は父親が亡くなる数日前に遺したもので、この言葉に接した兄弟たちは、大人になった今、挫けそうな時もうれしい時も、自分たちを励ます言葉としていつも胸にあるといいます。

❖否定したい時にこそ肯定的な表現を

人はどうしても自分が可愛いものですから、自分が傷つきそうになったり、自分を脅かすものに出会ったりすると、そのものに向かって否定的な態度に出て、言葉も荒く、攻撃的になりがちです。

①**そのものが明らかに凶暴なものである時**はもちろんなこと、別に危害を加えるわけでもないのに、②**あまりにも優れていて自分の存在が希薄に思えたりする時**、つい否定的な言葉を発したりします。また、自分の優越感を示すために、③**自分よりも劣った行為を見た時**には、人をなじって自分の優秀性を誇示したりします。また、④**相手との考え方や意見が違うためにそれに反論を加えようとする時**は、ついつい頭から否定的な言辞を浴びせようとすることがあります。

①の場合はだれもが納得できることなので、あえて否定的な表現をするまでもなく、静観または無視、無言という対応の仕方がいいかと思います。しかし、②③の場合には問題があります。なぜなら、自分の考えの絶対視、相手への蔑視が根底にあるからです。②については謙虚に自分を見つめ直すこと、③については優しく相手の行方を見守ること、そういう態度が賢明です。例えば、こちらが質問したことに対しての答えが、的外れ・理解

不足であったりした場合には、
・何を聞いてるんだ、しっかりしろよ　⇓（正）質問の仕方が悪かったかな
・そんな程度の答えなの？　⇓（正）そんな考えもありますね
・こんなことも分からないの？　⇓（正）そう深く考えなくてもいいですよ
といった肯定的な言葉に置き換えて対応するのが妥当です。それを咎めて気の荒立った対応をしますと、相手の不評を買うばかりか、自分の品格をも落としてしまいます。その上それらの言葉を耳にした周囲もあきれ顔になるかもしれません。

いずれの場合も、相手の自尊心を傷つけてしまいます。その時、一呼吸おいてしなければならないのが、肯定的な表現です。これは相手の自尊心を尊重する表現のことですが、この肯定的な表現が最も要求されるのが、④の場合です。

まず、自分の考え方だけで頭の中が一〇〇％になっている状態に隙間をつくっていくこと、つまり自分の考えの絶対視から脱却することです。それから感情の高ぶりを鎮めることと。大きく息を吸って静かに吐きながら、相手の考え方や意見で許容できるものはないか、を冷静に検討することです。きっとあります。その許容の部分を、まず肯定的な言葉で切り出すのです。その上で自分の考えを述べ始めると落ち着いた話の展開になります。

❖切り出しの言葉で相手の心が決まる

さらに言えば、肯定的な表現とは仮に相手の言動を否定しなければならない場合でも、相手の自尊心を傷つけないように配慮する表現のことをいいます。それには、

① 肯定の否定、つまり相手の考えに十分理解を示した上で、自分の考えを述べる

② 相手の自尊心を傷つけない表現をする

③ 肯定的な言葉を使う

④ 相手の立場や気持ちに留意する

などの配慮が必要となります。特に切り出しが肝心です。

・おっしゃるとおりだと思います、ただ…（総体的に同意した上で）

・私もそういう考えでしたが、今では…（許容できる余地ありを示した上で）

・あなたと同じ意見は多くの人がもっています、しかし…（世論を配慮した上で）

・分かりやすくお話いただきました、その上で…（表現力に敬意を表した上で）

など、いずれも真っ向から否定するのではなく、まず相手を認めた上で自分の考えを述べる姿勢ですので、相手も聞く耳をもって反論に対応する余裕ができます。

また、まるごと肯定して、相手に非を気づかせるという方法もあります。タレントで振

付師でもある藤村俊二さんがテレビで父親の想い出を語っていたことがあります。藤村さんは若い頃ダンサーを目指していましたが、レッスン費用が欲しくて、父親の収集している掛け軸の一つを内緒で売り払ったそうです。しばらくして父親にばれてしまいました。観念して、都々逸の「こごと聞くときゃ頭をお下げ　下げりゃ頭の上を行く」じゃないけれど、父親の説教が通り過ぎていくのを待とうとしていました。ところが、父親の口から出た言葉は「オマエ、目がある！　いちばんいいものを売ったなあ」と予想もしないものだったのです。一枚も二枚も人として格上の父親の対応に舌を巻き、藤村さんはそれからの自分の生き方が変わってきたと言っていました。

話し方のワンポイント

【否定的な表現をしてしまう原因】

① 自分の考えの絶対視から
② 相手への蔑視から
③ 率直こそ美徳との思いこみから
④ 感情の高ぶりから

第6章

人の心を動かす話し方

～共感を呼ぶ説得力をつけるには

人の心を動かすということは、そう簡単にできるものではありませんが、そうなるための絶対的な条件というのは、まず自分が「ひと・もの・こと」に感動することです。そういう感動体験を数多くもつことです。それが根底にない話は、およそ人を感動させることができません。**話し方の前にまず感動、これが人の心を動かす話し方の基本です。**

詩人の大岡信さんの「言葉の力」と題する話は人の心を動かします。それは、彼がある人との出会いで心を動かされた体験をもっているからです。京都嵯峨野の染織家・志村ふくみさんとの出会いです。彼女の仕事場を訪ねた時、美しい桜色に染まった糸で織られた着物を見せてもらいました。その淡いようでいて、どこか燃える強さを内に秘めた色の美しさに目と心が吸い込まれるような感覚にとらわれたのです。

「この色は何から取り出したんですか」「桜からです」。それを聞いて大岡さんはてっきり桜の花びらからだろうと想像しました。しかし、全く違っていました。あの黒っぽいゴツゴツした山桜の樹皮、それも花が咲く直前の樹皮をもらってきて取り出したというのです。大岡さんは、一瞬揺らぐような不思議な感じにとらわれました。「花びらのピンクは幹のピンク、それは樹皮のピンク、そしてまたそれは樹液のピンク……」、つまりは桜が全身でピンクを出していて、花びらはそれらのピンクが先端だけに姿を現わしているにすぎないことを教えられたのです。

この感動を伝える大岡さんの話は、その事実だけでも聞く人を感動させずにはおかないのですが、これを言葉の世界にまで思いを巡らせ、こう締めくくります。「これは言葉の世界と同じではないか。言葉の一語一語は桜の花びらの一枚一枚だといっていい」と。

このような人の心を動かす話は、どこから生まれるのでしょうか。それは何よりも言葉に力があるからですが、では言葉に力をもたせながら、人の心を動かす話し方をするには、どのようにすればいいのでしょうか。難しいことですが、とりあえず、それには、

①　まず自分が「ひと・もの・こと」に感動し
②　話題が人物である時には情感をもって
③　話題が事柄の場合には論理をもって
④　組み立ては、くっきり・しっかり・どっきり・はっきりと
⑤　記憶に残る「ひと言」フレーズ、時にはユーモアを入れて話す

ように、心がけていくことです。

❖誠実さから出た言葉は人を動かす

人の心を動かすには、まず自分が「ひと・もの・こと」に感動することはもちろんですが、どうしてもそれを人に伝える「話力」が必要となります。応用編Ⅰで述べたように、その話力を構成する柱には大きく三つあります。

その一つは、何と言っても**誠実な心**です。誠実は、色々な会社の社是や学校の校訓・校歌にも登場する言葉ですが、はたしてどんな心をいうのでしょう。それは**私欲に惑わされず、自分も人も大切にする気持ち**ということになりましょう。たとえば会社で、日頃は口うるさくて厳しい時もある上司が、部下の失敗の報告には静かに耳を傾け、共々、上層部のところに行って頭を下げる、こういう行動のできる上司には誠実さがあります。

誠実さは自分へと同様に人への思いを強くもっている気持ちです。したがって誠実さのない人は、自分への関心が強いあまり、自分の外にある「ひと・もの・こと」への感動が薄くなる傾向があります。

かつて映画の周防正行監督が名作『Shall we ダンス?』を作り、世界中で人気を博しました。それに感動したアメリカが、ハリウッド版『Shall we Dance?』を制作し、その宣伝のために、主演のリチャード・ギアと監督のピーター・チェルソムが来日しました。

原作が作られてから十年後のことです。早速ホテルで記者会見がありました。

会見場に詰め掛けた六〇〇人以上の報道陣を前に、約二年半ぶり七回目の来日となったギアは、まず「初めて日本に来てから二十五年になりますが、これほど多くの報道陣を見たのは初めて」と注目してもらったことへの感謝の気持ちを表わしました。そして、オリジナルとリメイク版のことを聞かれると「オリジナルは完璧でした。主演の役所広司さんの演技も繊細かつシンプルで、あれよりよくなることはないと思います」とオリジナルを絶賛し、「私たちができることは、アメリカというフィルターにかけて、オリジナルにはない側面をもたせるということだけでした」と穏やかに語りました。

これこそ、私欲にとらわれず、日本のオリジナルを立て、自分たちの意図も謙虚に伝えるというもので、**実に誠実さに裏打ちされたあいさつ**といえるでしょう。

次に大事なことは、自分や人が感じる「ひと・もの・こと」への**理解力**です。感動したものへの深い関心です。こうすれば感動を心の中に定着させ、それ以降のものの考え方・感じ方への大きな力になります。そしてもう一つは、聞き手にしっかりと内容を受け止めてもらえるための**表現力**です。**誠実さ、理解力、表現力、この三つは人の心を動かすには欠かせない**「話力の三本柱」であることは、応用編Iで前述したとおりです。

❖相手の気持ちを理解し、それに見合った表現こそ

いかに心だけが誠実であったとしても、話そうとする人や事物に対する理解、それに見合った表現力がないと、なかなか人の感動を得ることはできません。

こんな話があります。現在の京都御所の紫宸殿前には、「左近《さこん》の桜」と「右近《うこん》の橘」が植えられていますが、この桜はもともと梅であったといわれています。しかし、村上天皇の時と言いますから平安時代中期、いまから千年以上前のことになりますが、梅の木が枯れてしまったのです。どうするか、天皇は朝廷に仕えていた紀貫之の娘・紀内侍《きのないし》の家の梅を献上させようとしました。ところが、その献上の梅の枝には、

勅なればいともかしこし鶯の　宿はと問はばいかが答えむ

（帝のご命令は畏れ多くてお断りできませんが、この梅の木を住居としている鶯が帰ってきて、あら、私の家は？　と訊かれた時、どう答えてやればいいのでしょう）

という、梅との別れを惜しむ紀内侍の歌が結ばれていました。歌に込められた心を理解した天皇は、早速梅を紀内侍に返し、今のように桜に植え替えたということです。

伝統を重んじる宮中のこと、天皇が内裏を元のようにしたいという気持ちも、紀内侍には分かりますし、そのために自分の梅が選ばれたことも光栄ではあります。しかし、その

上で自分の惜別の気持ちも表現したい、どうすればいいか。相手は天皇、そこで考えたのが、鶯に託して自分の気持ちをやんわりと述べる婉曲表現でした。これにはさすがの天皇もまいりましたので、すぐに梅を返して桜にしたというわけです。

ここでは、**それぞれが相手に対しての理解を示し、ストレートにではなく、情感をもってやんわりと表現し、行動しています。**紀内侍の思い、その意を十分に汲んだ潔い天皇の行動。いずれも人を動かします。

この話からも分かるように、応用編Ⅰで述べたように理解力には三つのファクター（要因）があります。まず人への理解です。関係する人の話の内容を正確に聞き、それがどういう意図から話されているのか、その人の立場、人柄はどうかなどを理解することです。

次に、自分の理解力のチェックです。振返って話題についての自分の知識程度はどうか、知ったかぶりになっていないか、考え方はどうか、先入観に支配されていないか、などを冷静に検討することです。

そして三つ目は、あらゆるものへの理解です。人や自分を取りまいている社会や自然のあり方から考えてどうか、などをチェックし、話の内容をできるだけ全面的、かつ深めた形で見ていくことです。感動的な話ほどそれが必要で、価値のある行為になります。

❖ありのままの自分を出せば、聞き手の心は開く

人は自分の悪いところ、弱いところは隠したがります。できるだけ人によく見られようとするからです。自分の欠点を人に知られることは自分の弱みになって、後々何か損をしてしまうと考えるからでしょう。しかし、はたしてそうでしょうか。

かつて東京地検で特捜部副部長を務めた弁護士の永野義一さんは、ある時、証券取引法違反容疑で逮捕した仕手グループの中心人物Qを取り調べました。株取引については何も知らない永野さんは困りましたが、その時考えたのは、ありのままの自分をさらけ出そうということでした。そして、徐ろに「株価ってどうやって上げるの？」と切り出したのです。Qは、おそらく最初はこの検事の無知をあざ笑い、これからの取り調べは、自分にとって断然有利になるだろうと、大いに自信を深めたに相違ありません。

ところが永野さんが素朴な疑問をぶつけていくうちに、Qの緊張がほぐれてきたのか、様々な仕手の手口を話すようになったのです。永野さんは**話を論理的に整理し、筋道立て、分からぬところを質問した**に違いありませんし、Qもそれに応ずるような答え方をしたと考えられます。結果はQの実刑が確定し、服役することにはなったのですが、刑期を終えて数年した時に、Qの妻から永野さんのもとに電話がありました、「末期ガンの主人

が検事さんに会いたいと言っています」と。永野さんはてっきり自分の一生をダメにした男として、恨み節を吐かれるだろうと思っていたのですが、実際は取調室でのことを懐かしそうに語るだけだったといいます。このことを永野さんは「検事にとって最高の勲章だった」と語っています。

この事実は、私たちに何を教えているのでしょう。たとえどのような立場にあろうとも、**自分が知らないことは知らないとし、謙虚に相手に接すること、これがいかに人を感動させるか**ということです。検事と容疑者という、置かれた立場の違いはあったとしても、虚飾を捨てて相手に対することがいかに大事か、それが自分にとって不利なところ、弱いところを隠したがる人の心をいかに開くか、ということです。

お互いが心を開いた時に、人と人とは通じ合います。そしてその前提条件をなすのは、偉ぶらず、謙虚に、ありのままをいかにさらけ出すかという一点にかかっています。

人の心を動かす話し方がなぜ大事なのか、それには、次のような効果があるからです。

①　聞き手の興味がだんだんと増していき、それが持続する
②　話の印象が強まって、忘れられないものになる
③　話による説得力が強まる

❖しっかり組み立てられた話は聞きやすく、心を打つ

平成十二年（２０００）五月三十日、衆議院本会議場では、突然の病により現職のままこの世を去った小渕恵三総理大臣に対する村山富市元総理大臣の慈愛に満ちた追悼演説が行なわれました。その演説は、遺体が順天堂大病院から自宅に向かう途次、国会に差しかかった時のにわかな雷雨の報告から始まりました。

それを村山元首相は「この雷鳴は君の悲痛の叫びであり、驟雨は君の無念の涙であった」と描写します。とっさの対応です。翻って大学院時代、トランク一つで三十八カ国を知る旅に出、アメリカでＲ・ケネディ司法長官との面会が叶い、分け隔てなく人と接する長官の姿勢に感激、それが「庶民派小渕の原点」となったことを強調しました。

二十六歳での代議士当選を、「史上にもまれな学生代議士の誕生」と称えます。その後、新しい元号「平成」を発表した官房長官時代、第八十四代総理大臣就任、意表を突いた沖縄サミットの開催決定などの事績を淡々と振返ります。そして、総じて「君は決して多弁ではなく、語りは木訥。しかし、その語りには、人々の心にしみ込む独特な説得力があった。君は存在そのものが雄弁だった」と、**印象に残る「ひと言」フレーズを入れました。**

また、何よりも家族を愛し、夫人に四〇〇通ものラブレ**ターを書いたというどっきり事**

例を挿入し、ベスト・ファーザー賞を受賞したことなど、人間味あふれる一面も紹介していきます。そして、人が「人柄の小渕」「気配りの小渕」と呼ぶその実際を、村山元首相の奥さんへの配慮があったことで紹介します。「私が総理在任中、体の弱い家内のことを心配していただき、奥様見立てのカーディガンをわざわざおもちくださりました。そのあたたかい手ざわりは、今も私と妻の心に感動として残っております」と、**初めての人にもその人柄がくっきりと分かるように披露し、**感謝の意を表しました。

大変な読書家で、政治家でなかったら太宰治の研究家になっていたかもしれない。好きな詩は高村光太郎の「牛」だったことを紹介し、その一節「牛は随分強情だ　けれどもむやみとは争はない　争はなければならない時しか争はない…」を朗読したのです。本会議場で老政治家がやや含羞を帯びながらも毅然としてやってのけました。そして「自ら凡人であることを片時も忘れないよう心がけておられました。凡人にはなかなかできないことであります」と、再び名フレーズを絞り出しました。議場から拍手がわき起こりました。

この演説は、**人に何を伝えたいのか、その主題がはっきりとし、聞く人を哀悼の方向へとしっかりと導き、要所に追悼者の人柄を感じさせるどっきりとした事例があって、実に構成はくっきり**としていて、議員ばかりでなく、国民を十分に感動させました。

❖社会は、非の打ち所のない解答は求めていない

就職活動の面接官から「応募書類の内容上、経歴は申し分なかったので、会ってみたいと思った。しかし、会って直に話を聞いてみると、こちらの質問には文句なく答えるけれども、どこか人間味がなく、どのような性格や感情の人物が分からない」と、面接後に言われて不採用になった人がいます。こういう人は、解答のないこれからの社会人生活にどれだけ対応できるのか、疑問を持たれるのは当然です。それよりも正直に、自分の欠点や真心を伝えるほうが、時にユーモアを感じさせて好感を持たれることがあります。

「ユーモアとは何かを定義することほど反ユーモア的な行為はない」(G・K・チェスタートン)ともいいますが、ユーモアはヒューマン（人間）と語源を同じくするようです。人間には色々な人がいますが、共通していえることは、完全な人はいないということです。失敗を隠さないで披露する人のほうが、人間味があって安心感をもたれます。

早大のマイク・モラスキー教授は学内の健康診断の折、自己申告書類の「1日に酒は何杯飲むか?」の欄で、「3杯以上」にチェックしましたが、どうも実態に合ってないと感じ、〈杯〉を〈軒〉に書き換えて提出したと言います。これを見た診療医がどう感じたかは分かりませんが、こういう正直なユーモアは病気を退散させる力になるように思います。

❖ユーモアを交えて話せば、聞く人は安らぐ

ユーモアについては応用編Ⅰでも述べましたが、事が緊張している時ほど、その場の空気を和らげ、以後の諸々の話をスムーズに進行させていきます。それをタイムリーに行えるには、「ひと・もの・こと」に対する日頃からのあたたかい見方が必要になります。

かつてしゃれた会話の名手でもあった池田弥三郎という国文学者がいましたが、彼がNHKの用語審議会の一員であった時、『玉三郎の世界』という一時間番組が組まれました。その番組の中で、玉三郎が「番組のイズがどこにあるのか分からないが…」ということを三度も言ったと審議会で問題になりました。「イズと言ったのはイト（意図）のことである」とテロップで流すべきという委員が多かったのですが、池田は「まあ、皆さん、いいじゃないですか。イト・イズ・ミステーク！」としゃれて、みんなの笑いを誘い、玉三郎はおとがめなしになったという話が残っています。このような**ユーモアは人への優しさがあるからこそ出てくるもので、緊張を和らげるだけでなく、人の心を打ちます。**

問題は、人の失敗を見た時です。それに対して完全性を要求するかどうか、ここがその人に、あたたかみがあるかどうかの分かれ目です。どこから見ても完全性を備えた雰囲気の人には、近寄りがたくて一緒に笑えません。**許す心は人を癒します。**

❖「話し方」の「方」は方向を表わしている

話し手の話がどこに行こうとしているのか分からない時があります。そんな時ほど聞き手がイライラすることはありません。祝賀会で、来賓が、祝福を受ける人の業績や人となりを話しているかと思うと、すぐに「私事ですが…」と自分の自慢話になったり、笑いを誘うためかその人の失敗談を得々と語り出したりすることがあります。聞くほうは、こんな調子じゃ時間が長引くし、いつどこで話が終わるのか分からないので、集中することを止め、ただひたすら時の過ぎゆくのを耐えるだけになります。

また、数人で雑談している時、人によっては聞き手のことはそっちのけで、自分のことばかりを話す人がいます。「自分はこういう人間だから、今こういう趣味をもってやっているんだけど、それが楽しくて楽しくて、もうはまってしまって…」。聞く人のことなど頭にありませんから、自分の思いつくまま、話材の取捨選択もなく、ただ思いついたら口へと言葉を運んでいくだけです。これでは方向性などあったものではありません。

「話し方」の「方」は、現在では方法・手段という意味に使っていますが、元々は「方」は方向・方角を表わす言葉でした。現在でも「東方、横綱白鵬」というように方向・方角を示す意味で使われていますが、**「話し方」という時にもこの方向・方角の意味合いが「方」**

の中にあることを考えるべきです。

また、「はなす」についても言えば、元々「はなす」は「放す・離す」の意味で、「話す」の意味が加わってきたのは後のことです。

したがって、**「話し方」とは、口から放した言葉を、その時・その場において、どの方向にもっていくのが聞き手に分かりやすいのか、その方法を考える勉強**ということになります。

話し方のワンポイント

【人の心を動かす描写をするために】

① 話題の中心人物に、聞く人が好感をもつように切り出しを工夫する
② その中心人物の気持ちを語る者が再体験するつもりで話す
③ 中心人物の会話などは、実際にその人物になったつもりで語る
④ 事柄などの背景描写は必要最小限にして、くっきりと説明する
⑤ 人物名は実名が不可なら、AさんやB氏ではなく、仮名を使う

などに意を巡らすことです。

●あとがき

これまでの私たちＮＰＯ法人話し方ＨＲ研究所は、話し方の地域教室運営を中心に活動してきました。その活動を通じて、私たちは世の中にはコミュニケーション力不足で悩んでいる多くの人たちがいることを知り、何とかせねばという思いが、日に日に増してきておりました。もちろん、それに対する色々な活動を行ってまいりましたが、それでも何かが足りないという思いでおりました。そして、設立三十五年を機に、社会に広く認知されるには何をなすべきかを検討してみました。そこで出てきたのが、活動内容を書籍化する話です。ＮＰＯ法人組織として、その成果を世に問うために出版物を出すことは、私たちにとって大きな挑戦でありました。

この試みを模索していた今年の三月頃、カナリア書房のプレゼンテーションに参加する機会がありました。そこで、思い切って私たちの試みをお話してみました。その結果、親会社である株式会社ブレインワークスの近藤昇社長、同ブランディングサポート部の濱野早帆氏の賛同もいただき、出版物作成の検討を本格的に開始することになりました。続いて、カナリア書房の佐々木紀行社長、同編集部編集長の谷田川惣氏の助言を得て、今回ようやく出版することができました。すばらしい巡り合わせと数々の助言を賜ったみなさま方に深く御礼を申し上げる次第です。

今日の日本社会は、コミュニティの崩壊が大きな社会問題となっております。日本社会は、昭和三十年代、四十年代を境にそのコミュニティの役割に関する考え方が大きく変わってきました。ひと言でいうと、その当時は不便で隣近所から干渉される面もありましたが、人々の絆とあたたかさのあったそれまでの暮らしを変えて、便利で干渉されない自由を求めて、大きく社会変革が進んだのです。その先に幸せがあるとひたすら信じ、その方向に舵を切ったのです。

ところがどうでしょう。舵を極端に切りすぎたため、便利だけれども冷たい社会が現出されつつあるように思えてなりません。それどころか、振り払ったはずの煩わしさや干渉が、SNSの発達などといった別の面で新たに問題となってきています。その先にあるはずだった幸せも、より遠のいてしまった感もあります。こうした面の解決の糸口としても、本書が役立つことができればと念じております。

本書は話し方HR研究所の四人で執筆しました。基礎編（1・2・4・9・10）を佐藤智子（理事長）、基礎編（3・5・6・7・8）を元木節子（前理事）、応用編Ⅰを綾木光弘（前理事）、そして応用編Ⅱを五嶋靖弘（会長）が分担して執筆し、全体を通して五嶋が監修に当たりました。

本書が二十代から三十代半ばの方々のコミュニケーション力の充実に少しでも寄与でき

ることを願っております。もちろん、それ以外の年代の方々、あるいは教育現場の副教材としての使用、外国人留学生等の日本語の副読本にも、ぜひ利用していただきたいとも考えております。さらには、本書を第一部（若者編）として、第二部（シニア編）、第三部（壮年編）とする三部作として世に問うことができればと密かに意図しております。

なお、本書を執筆するに当たり、多くの雑誌・新聞・書籍、そしてネットなどを参考にさせていただきました。一つ一つ名をあげませんが、篤くお礼申し上げます。また、文中に登場する方々の敬称は一部略させていただきました。失礼の段、ご容赦ください。

（綾木光弘）

二〇一四年九月

■執筆担当者の略歴

綾木光弘（あやき　みつひろ）

1952年京都生まれ。NPO法人話し方ＨＲ研究所元理事。

王子製紙退職後、現在、綾木企画技術士事務所代表（森林部門、総合技術監理）、農業に従事、京都府6次産業化プランナー等活動中。

五嶋靖弘（ごしま　やすひろ）

1941年旧満州国（現瀋陽市）生まれ。大分・福岡県育ち。

NPO法人話し方HR研究所会長。

電力会社定退後、江戸中期文芸の滑稽と教訓について研究中。日本近世文学会会員・学園都市大学古文書研究会会員等。

佐藤智子（さとう　ともこ）

1946年に栃木県の禅寺で生まれ、お経を聞いて育つ。

NPO法人話し方HR研究所理事長。

研修講師（ビジネスマナー、コミュニケーションなどの研修、講演）、産業カウンセラー、交流分析学会会員。

元木節子（もとき　せつこ）

1942年に東京都に生まれる。

NPO法人　話し方HR研究所元理事。

生命保険会社退職後、趣味として、作詞・源氏物語など古典文学研究を行っている。朗読ボランティアとしても活動中。

NPO法人　話し方HR研究所とは

「話し方を学ぶ意義は？」と問われたら、「共に幸せに生きるためです」とお応えしたいと思います。私たちはだれも「自分を大切にされたい」と思っています。しかし、社会生活はなかなか自分の思ったようにはいきません。人とうまく話ができない人や、個人となら話はできるが人前での話ができないなど、話すことが苦手で人生の幅を狭めてしまっている方がたくさんいらっしゃいます。このような方に話し方ＨＲ研究所の教室や、当方主催の、または出講の研修・講演会に参加していただくことをお奨めします。そうすれば、どう話すかばかりに目を向けていた人たちが、それ以上に聞くことが大切だと気づいて、人の話がしっかり聞けるようになります。すると、相手のよいところに気づきますので、人との関わり方が変わってきて、毎日が楽しく生き生きとしてきます。

私たちは話し方をテクニックとは考えていません。話し方を通して人生を考え、相手も自分も共に幸せに生きる道をつねに模索しております。そして話し方と人生がダイナミックに連動し、楽しく生きる日々がみなさんとの間に実現することを願って活動している、日本唯一の団体だと自負しております。

当研究所は前身の日本ヒューマン・リレーションズ研究会（1979年発足）から通算して三十五年の歴史がありますが、平成十九年（2007年）四月、NPO法人話し方HR研究所として出発しました。活動を発展させ、人間関係に悩んでいる人や話すことに困難さを感じている方に、生きることが楽しくなるようお手伝いができればとの思いからです。

当研究所の基本精神は、前身の研究会がかかげた基本精神を基軸としています。その精神とは三十五年間一貫して変わらず

小さな自分に固執せず、いつも相手を大切にする心で話し、話す人も、話された人も、現状よりのびのびと生きられる状態を作り出す話し方の追求と実践　です。

この精神を現実のものとするために、日々どういう考え方で目の前の**「人・もの・こと」**に対していけばよいのかを**研究所の理念の三本柱**として定め、活動をしています。

【話し方HR研究所の理念】

1．話し方を通して、対人関係を深める

2．話し方を通して、自他を大切にする心を育てる

3．話し方を通して、言行一致をめざす

これらの精神のもと、各地で**話し方教室を開催**しています。また、**産・官・学の皆様への様々な研修や講演**なども行っています。（佐藤智子）

研究所の活動

1．話し方教室の運営	関東を中心に静岡、長野、京都などで開催
2．研修・講演活動 企業、公官庁、公共団体への講師派遣	**【研修テーマ例】** ①ビジネスマナー研修 ②「伝わる話し方」研修 ③管理職のためのコミュニケーション能力向上研修 ④組織内研修講師養成講座，など **【講演テーマ例】** ①家庭の力と話し方 ②名言に学ぶ生き方の知恵 ③幸せに生きるヒント ④人を育てる褒め方・叱り方，など
3．話し方指導者養成講座開催	テキスト1～5まで修了した方が対象です
4．話し方研究サークルに対する指導協力	

■話し方テキスト案内

・テキスト１　「人間関係を深める話し方コース」
・テキスト２　「人を動かす話し方コース」
・テキスト３　「大ぜいを前にした話し方コース」
・テキスト４　「聞き方・話し合いコース」
・テキスト５　「話力を高める話し方コース」

※ご用命は下記までご連絡をお願い致します。

【連絡先】
NPO法人　話し方HR研究所
※HRとは「Human Relations」の略称です。
〒112-0002　東京都文京区小石川1-7-8寺田ビル
TEL＆FAX：(03)3814-9432
E-mail：honbu@hr-ken.org
URL：http://www.hr-ken.org

【教室案内】

2014.8.1現在

お問い合わせは、本部へ電話またはメールにてお願いを致します。

本部教室 **東京都　文京区**	**文京シビックセンター**

地域教室一覧

No	所在地		教室名
1	東京都	足立区	トーク二葉
2		同上	話し方綾瀬教室
3		同上	話し方四季の会
4		同上	話し方サークル和楽の会
5		同上	話し方・遊モア
6		葛飾区	話し方ラポール金町教室
7		北区	赤羽スピーチクラブ
8		同上	話し方さくらの会
9		同上	話し方すずらん会
10		同上	話し方みつわ会
11		同上	話し方よつ葉会
12		同上	はなみ会
13		江東区	亀戸話し方教室
14		同上	明話会
15		墨田区	こだまの会
16		同上	こだまトークの会
17		同上	（ことばの広場）墨田区若葉会
18		同上	豊話会
19		世田谷区	経堂話し方カフェ
20		同上	世田谷話し方「話楽会」
21		中央区	HR銀座一丁目話し方教室
22		同上	話し方サークル“19の会”
23		中野区	中野教室（ことばの広場）
24		練馬区	心を磨く話し方教室
25		文京区	文京シビック話し方

No	所在地		教室名
26	東京都	目黒区	目黒話し方・聞き方「さんまの会」
27		同上	目黒話し方「話楽会」
28		清瀬市	清瀬話し方教室Will
29		東村山市	秋津話し方教室
30	埼玉県	上尾市	HR上尾
31		同上	（ことばの広場）墨田若葉会
32		春日部市	HR春日部教室
33		加須市	スピーチ・絆・かぞ
34		川越市	美鳥クラブ
35		北本市	北本話し方サークル
36		さいたま市	HR浦和教室
37		同上	HR宮原教室
38		同上	大宮話し方サークル
39		同上	彩講会HR話し方教室
40		同上	サルビア
41		同上	話し方サークル「ポラリス」
42		同上	話し方講座うらわ
43		幸手市	話し方教室かたくり
44		狭山市	狭山話し方サークル
45		志木市	四季話会
46		草加市	ことばの小箱
47		同上	ザ・スピーチ
48		同上	話し方友和会
49		同上	話の世界
50		所沢市	新所沢話し方サークル
51		同上	所沢話し方勉強会
52		戸田市	戸田話し方サークル
53		三郷市	ラポール鷹野
54		同上	ラポールみさと

No	所在地		教室名
55	千葉県	柏市	柏話し方サークル明話会
56		鎌ヶ谷市	話し方サークル「青空」
57		習志野市	谷津話し方教室
58		船橋市	西船橋話し方サークル・おあしす
59		同上	船橋トーク＆スピーチ
60		松戸市	HR松戸教室
61	茨城県	牛久市	牛久話し方サークル
62	群馬県	桐生市	トーク・クエスト
63		同上	魅力ある話し方教室
64	神奈川県	横須賀市	横須賀話し方サークル
65		横浜市	自己表現を学ぶ会
66	静岡県	伊豆の国市	スピーチ伊豆長岡
67		御殿場市	HRごてんばおあしすクラブ教室
68		同上	HRごてんばTANOTAMEくらぶ
69		同上	HRごてんば富士岡教室
70		裾野市	裾野話し方サークル
71		沼津市	HR沼津話し方
72		同上	ぬまづ話し方研究会
73		富士市	HR富士話し方
74		同上	富士話し方サークル
75		三島市	コスモス話し方教室
76	長野県	岡谷市	イルフ話し方の会
77		松本市	しらかばお話楽生《わらい》会
78	京都府	京都市	話し方サークルみやこ牛若丸教室
79		同上	話し方サークルみやこ弁慶教室

新たな人生の扉が開く!
自他を生かす、話し方の知恵

2014年10月20日〔初版第1刷発行〕

著　者　NPO法人 話し方HR研究所
発行人　佐々木　紀行
発行所　株式会社カナリア書房
〒141-0031　東京都品川区西五反田6-2-7
ウエストサイド五反田ビル3F
TEL 03-5436-9701　FAX 03-3491-9699
http://www.canaria-book.com
印刷所　石川特殊特急製本株式会社
装　丁　福田　啓子
D T P　株式会社ダーツフィールド

ISBN：978-4-7782-0283-5　C0034

カナリア書房の書籍ご案内

2014年2月10日発刊
価格　1300円（税別）
ISBN978-4-7782-0259-0

スタート
筆跡は心を写す
MRI&変身ツール

母士　真早希　著

この世に一つしかない『手書きの文字』。『書は人となり』といわれるように、筆跡（文字）は行動の痕跡で、その人の人格を表します。つまり、筆跡から、書いた人の性格・信条・個々の人間性を探求できます。そんな筆跡を学んで、理想の恋人選びをしませんか？心の見えないところをしっかりと読み取らせてくれる、まるでMRIのような筆跡診断。読めばあなたの人生のツールになる1冊です!!

2014年2月15日発刊
価格　1500円（税別）
ISBN978-4-7782-0258-3

社会の中で社会のための
サービス工学
モノ・コト・ヒトづくりのための研究最前線

産業技術総合研究所　著

経験と勘に頼っていたサービスを、科学的・工学的に分析する時代が来た。本書では「サービス工学」の成り立ちから先端研究までを具体的に紹介する。サービス工学の教科書ともいえる待望の一冊である。

カナリア書房の書籍ご案内

2014年2月26日発刊
価格1400円（税別）
ISBN978-4-7782-0262-0

日本一になった 田舎の保険営業マン

林　直樹　著

人口わずか500人の農村でも「日本一」のワケとは？お客様に“与えつづける”営業で世界の保険営業マン上位1％「MDRT」を3回獲得。読めば勇気がわく成功ヒストリー＆ノウハウが満載！

営業に関するさまざまな本やマニュアルが出ているが、そのほとんどは大都市で成功した人の体験談である。ビルが立ち並ぶ街での営業スタイルが前提となっている。同書では独自で実践した人口500人の農村でも日本一になれる営業法を掘り下げて紹介。

2014年2月28日発刊
価格　1400円（税別）
ISBN978-4-7782-0263-7

占いを人生・ビジネスに 活かす思考法

あなたの運は悪くない

山田　浩三　著

不安を煽る既存の占いに警鐘を鳴らす。「人の不幸」につけ込む占いを一刀両断。占いに対するあなたの常識を覆す。「良い」「悪い」だけを判断する占いは間違っている。占い師が人生・ビジネスに役立つ占い活用法を伝授。開運はあなた次第だった。

カナリア書房の書籍ご案内

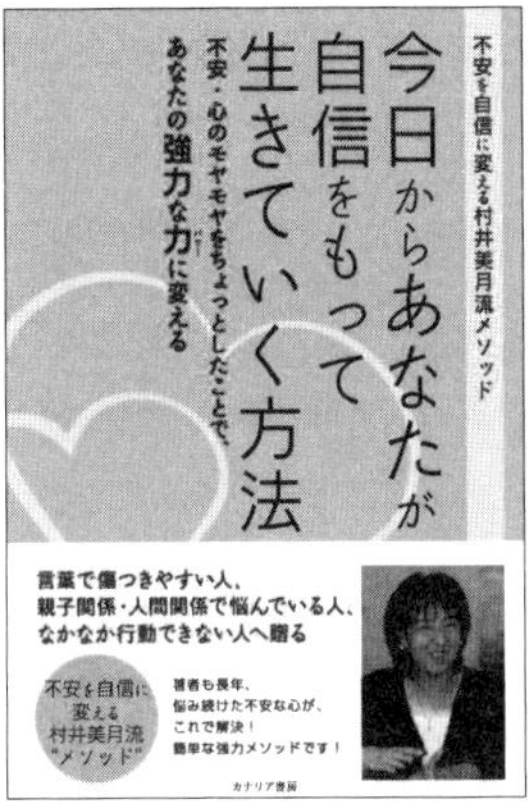

2014年3月7日発刊
価格　1300円（税別）
ISBN978-4-7782-0261-3

今日からあなたが自信をもって生きていく方法

村井　美月　著

言葉で傷つきやすい人、親子関係・人間関係で悩んでいる人、なかなか行動できない人へ贈る村井美月流"メソッド"著者も長年、悩み続けた不安な心が、これで解決！

かつての同じ経験をしてきた著者が不安を打ち消し、夢を実現させてきた村井美月流"メソッド"を一挙公開。不安を自信に変えて夢を実現しよう。

2014年3月10日発刊
価格　1300円（税別）
ISBN978-4-7782-0260-6

どろ賢経営
町の歯科医からアジアの歯科医、そして世界へ

川本　真　著

「大人になる為に子ども時代や夢がある」とある歯科医の半生記、奇跡の歯科医経営グループ年商11億、アジア展開をも睨む千葉県有数の医療集団を創り上げた川本真理事長の極意を伝える1冊。自らの半生を振り返りながら、海星会十カ条を始めとする経営ノウハウ、医師として大切なこと、人として大切なこと、自らが現場で体感、実践、指導してきたことをあますことなく披露する。歯科業界だけでなく、経営に携わるすべての人を成功に導く指南書。

カナリア書房の書籍ご案内

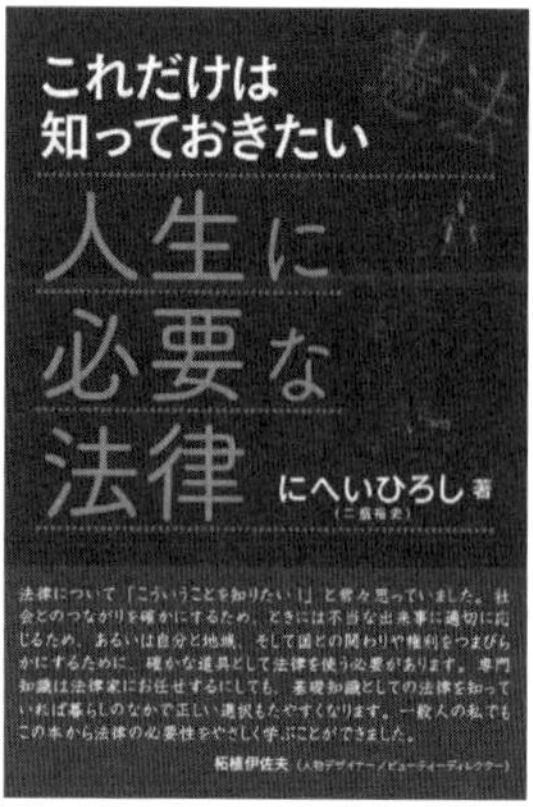

2014年4月8日発刊
価格　1400円（税別）
ISBN978-4-7782-0268-2

これだけは知っておきたい
人生に必要な法律

にへいひろし（二瓶裕史）著

法律について「こういうことを知りたい！」と誰もが日頃から思ってるようなことが書かれている。社会とのつながりを確かにするため、ときには不当な出来事に適切に応じるため、あるいは自分と地域、そして国との関わりや権利をつまびらかにするために、確かな道具として法律を使う必要がある。専門知識は法律家にお任せするにしても、基礎知識としての法律を知っていれば暮らしのなかで正しい選択もたやすくなる。一般庶民の感覚で法律の必要性をやさしく学ぶことができる1冊。

2014年4月10日発刊
価格　1300円（税別）
ISBN978-4-7782-0267-5

「使える建物」を建てるための3つの秘訣
価値ある工場・倉庫・住宅を建てるためのパートナー選び

森本　尚孝　著

「こんなはずではなかった」。企業が建物を建てるときによく聞かれるこんな声。計画予算を大幅に上回り、どうにもならなくなった企業はそのときどうすればいいか。建築を計画する事業者は知らなければ損をすることがたくさんあります。「価値ある建物」を建てるノウハウ・実例を多数収録。建築を考える人には欠かせない1冊です。

カナリア書房の書籍ご案内

お金のことはおれに聞け

様々な助成金を入手する
テクニックが満載!

蒲島　竜也　著

人材がらみで税金が安くなる方法があることを知っていますか？

元銀行員で今は社会保険労務士として開業している著者が、資金調達のプロ直伝! 助成金、人材がらみで税金が安くなる方法、国による中小企業に対する旋策の原則論であるもの、少し裏ワザ的なものもわかりやすく解説。

2014年5月7日発刊
価格　1300円（税別）
ISBN978-4-7782-0270-5

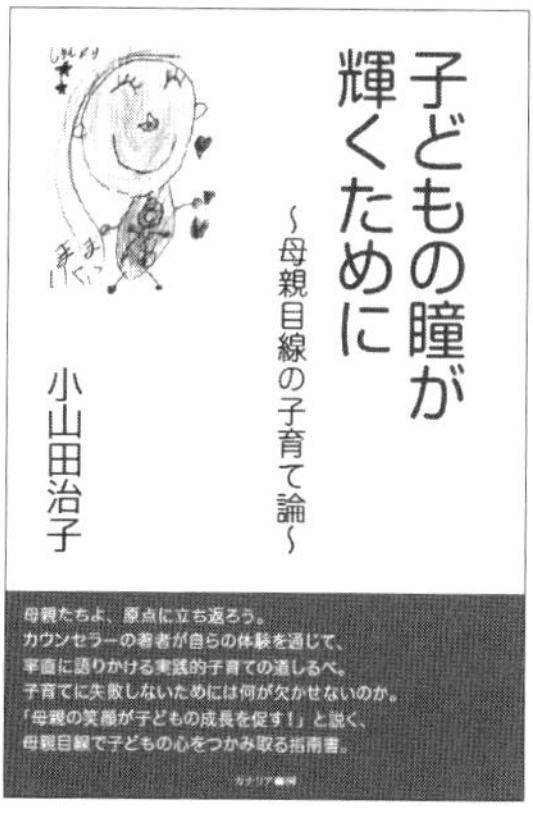

子どもの瞳が輝くために

母親目線の子育て論

小山田　治子　著

母親たちよ、原点に立ち返ろう。

カウンセラーの著者が自らの体験を通じて、率直に語りかける実践的子育ての道しるべ。

子育てに失敗しないためには何が欠かせないのか。「母親の笑顔が子どもの成長を促す！」と説く、母親目線で子どもの心をつかみ取る指南書。

2014年6月10日発刊
価格　1500円（税別）
ISBN978-4-7782-0271-2

カナリア書房の書籍ご案内

2014年8月15日発刊
価格　1300円（税別）
ISBN978-4-7782-0277-4

勉強しない中学生も必ず変わります

内山　裕崇　著

中学生のお子さんの勉強に不安を持つお母さん。

高校受験を心配する母さん。

お子さんはこんなことで簡単に勉強できるようになります。

「行く高校がないよ」と言われた経験を持つ塾長が、悩める中学生を合格に導く学習サイクルの作り方を、わかりやすく物語で説明します。

2014年8月25日発刊
価格　1300円（税別）
ISBN978-4-7782-0275-0

キャディ思考
“最高の自分”になるため、プロキャディからのアドバイス

杉澤　伸章　著

プロキャディという仕事のまたの名は「気づかせ屋」。

野球でいえば監督、サッカーでいえばボランチ（司令塔）。

丸山茂樹ほか多数のプロゴルファーの活躍を支えた著者が、世の中に羽ばたこうとするすべての人に向けキャディ思考でアドバイスし、多くの「気づき」を与えてくれる1冊。

カナリア書房の書籍ご案内

協育のススメ
企業のブランドコミュニケーションの新たな手法

若江　眞紀　著

20年の実績を持つ教育専門コンサルタントが語る、企業の「ブランドコミュニケーション」の新たな手法とは？
企業の教育CSR活動と教育現場の現状分析や、教育CSRを展開する企業の詳細事例、戦略的な教育CSRをCSVへとつなげるノウハウが詰まった渾身の一冊！

2014年8月31日発刊
価格　1400円（税別）
ISBN978-4-7782-0279-8

勝ち抜く事業承継
時代と人材育成論

青井　宏安　著

ひとり一代で滅びる怖さを知る!! 企業は永続してこそ尊いものである。事業承継は単に社長が交代するということだけでなく、それを機にさらなる事業の発展が遂げられないと意味を成さない。「次なる」事業承継が会社を救う！

2014年9月19日発刊
価格　1500円（税別）
ISBN978-4-7782-0280-4